THE CONTINUING HISTORY OF THE SPANISH & PORTUGUESE CONGREGATION OF MONTREAL

1768–1993

25 YEARS OF RENAISSANCE

THE CONTINUING HISTORY OF THE SPANISH & PORTUGUESE CONGREGATION OF MONTREAL

1768-1993

25 YEARS OF RENAISSANCE

*Shown on cover: elegantly engraved
Sephardic Torah cover*

Robert Davies Publishing
Printed in Canada
ISBN 1-895854-62-8

PROLOGUE

On Rosh Hashanna 1991, our Congregation began the celebration of its 225th Anniversary. One of our commemorative projects was the updating of our own recorded history of our Congregation. Twenty-five years earlier, on the occasion of our 200th Anniversary, our late beloved Rabbi Dr. Solomon Frank had written a book on the history of our Synagogue that spanned the period from inception until the early 1950s.

Since then we have undergone a period of unprecedented growth. In the last 25 years, our membership has increased dramatically from some 230 families, predominantly Ashkenazis, to about 740 families today, the majority of whom are Sephardi. The admixture of members from Iran-Iraq, Lebanon-Egypt and North Africa with our Ashkenazi members – all embracing the Sephardi ritual, prayers and melodies in harmonious co-existence – mirrors the spirit of the Canadian concept of multi-culturalism. Yet within our unity, diversity thrives. The different traditions of our diverse membership are respected and maintained, to the point where each of our principal ethnic groups conducts a separate service on the High Holidays based on its own traditions. This arrangement is not without its practical advantage, as our main Sanctuary alone would be unable to accomodate our collective worshippers.

How was this book constructed? First, we commissioned Esther Blaustein and Annette Wolff to prepare a précis of our history from the beginnings until our 200th Anniversary, some 25 years ago, to familiarize readers with our past. Second, we charged our learned Rabbi, Howard Joseph, with covering the last 25 years; to deal not only with events, personalities, bricks and mortar, but also with religious, social and cultural issues of this period that concerned us. So important are these recent events and issues to our community that the text is published in English and French.

We express our gratitude to the dedicated and scholarly members of our History Book Committee: Esther Blaustein, Annette Wolff, Naim Kattan O.C., Alan Rose C.M. and Rabbi Howard Joseph. Sadly Alan Rose passed away on July 18, 1995. We are indebted to M. Philip Baugniet for the impressive French summary of the Blaustein/Wolff text and to Mme Noni Zeitouni for the elegant translation of Rabbi Joseph's text. We also thank Diane Ossof, the Rabbi's secretary, Diane Comtois and the other secretaries of my office who so ably transcribed and typed the manuscripts, photographers Roland Harari and Maurice Levy for the generous use of their images, and member, Margaret Mankin who designed and supervised publication of this book.

I myself was privileged to edit the contents of this book, which, to honour our 225th Anniversay, I commend to your enjoyment.

David H. Kauffman
History Book Committee Chairman,
225th Anniversary Committee
February, 1996

CONTENTS

TABLE DES MATIÈRES

INTRODUCTION

La Synagogue Espagnole et Portugaise Shearith Israël est la plus vieille congrégation juive de Montréal. mais elle en est aussi la plus jeune. Car, à l'exemple de la ville, elle modifie son emplacement, change sa structure tout en conservant son caractère originel, évoluant tout en protégeant jalousement son identité.

Fondée par des juifs sépharades venus en grande partie de Grande-Bretagne, elle accueillit les juifs achkénazes venus d'Europe centrale et orientale, sans perdre son nom même si la mélodie de son chant s'adapta à la nouvelle majorité de ses membres.

Cependant, la communauté juive changeait de lieu et ses institutions suivaient le même chemin, quittant le centre-ville pour s'installer dans l'Ouest. D'autres synagogues nacquirent entre-temps, répondant à des besoins nouveaux. Shearith Israël traversa alors une période de stagnation sinon de déclin, quand, au début des années cinquante, un nouveau mouvement d'immigration se dessina, prenant rapidement forme et ampleur. Des juifs originaires des pays du Moyen-Orient et de la Méditérannée commencèrent à venir à Montréal. D'abord les Irakiens puis les Egyptiens, suivis en plus grand nombre, par les Marocains et un peu plus tard les Libanais.

Shearith Israël leur ouvrit ses portes, les accueillit, et, ce faisant, renoua avec ses origines sépharades et retrouva, en le redécouvrant dans son incarnation actuelle, son esprit initial. Elle fit sien le besoin des nouveaux venus de s'intégrer à la ville nouvelle tout en gardant leurs traditions ancestrales. En reconnaissant ce besoin, elle le nourrit et s'en nourrit. On ne transporte pas l'Orient en Amérique sans subir un choc. Sur le plan du culte et du rituel mais aussi dans le domaine familial et social, cette synagogue contribua puissamment à amoindrir le choc, permettant à ses nouveaux membres de s'adapter au changement sans se perdre dans l'anonymat.

Le chant oriental retentit à nouveau dans ses murs. Salomon Amzallag, un grand artiste reconnu comme chanteur populaire dans son Maroc natal, entonna les mélodies antiques en leur octroyant une nouvelle vitalité. La synagogue redevint une grande maison. Les enfants des originaires de Pologne, de Russie et de Roumanie, cédèrent le pas aux Irakiens, qui, au lieu de construire leur propre synagogue préférèrent agrandir la plus vénérable de la ville et celle-ci connut une nouvelle naissance. L'Orient venait avec son chant mais aussi avec ses langues. Montréal revendiquait alors son caractère francophone et, heureuse coïncidence, nombre des nouveaux venus, ceux du Maroc et du Liban surtout, avaient le français sinon comme langue maternelle, du moins comme langue d'usage. Répondant aux besoins nouveaux et cherchant à vivre au diapason de la ville, toute l'institution adopta le bilinguisme conmme mode de comportement, comme façon de vivre. L'addition de l'anglais au français ne s'est pas effectuée dans la contrainte, encore moins dans l'acceptation d'un nouveau conformisme. Car vivre une réalité changeante en lui imprimant ses propres choix sans sacrifier ou chercher à amoindrir ni à gommer son caractère propre est ce qui distingue la communauté juive de Montréal et l'une de ses institutions exemplaires, Shearit Israël.

Sur le plan proprement religieux, le changement dans la ville fut phénomènal. D'un catholicisme vivant dans la crainte de l'autre et qui dans certaines de ses manifestations ostracisait les Juifs, quand on ne les traitait pas avec hostilité, l'Eglise catholique, amoindrie, en perte de son impact social et politique, renoua avec son rôle spirituel. La crainte et l'hostilité cédèrent la place à la curiosité puis à l'ouverture. Shearit Israël reconnut cet esprit nouveau et l'accueillit. Des visites eurent lieu, des liens s'établirent suivis d'échanges. Là encore, à l'instar de la communauté juive et de la communauté plus vaste de la cité, cette synagogue accueillit le changement d'esprit et par son adhésion lui inspira vitalié et dynamisme.

Shearit Israël a bénéficié de la conviction et de l'engagement de ses membres, de ses présidents, des membres de ses comités, hommes et femmes. Au cours des denières décennies elle a eu la chance d'avoir deux rabbins qui ont pleinement rempli leur rôle de chefs spirituels et de dirigeants communautaires. Salomon Frank tout d'abord, qui fut tout le long de sa vie un guide non seulement de son institution mais de toute la communauté, puis Howard Joseph présentement rabbin dans le sens plein du mot.

Guide, enseignant, il unit l'érudition au dynamisme, le respect de la tradition à l'innovation. Il vit au rythme de la ville et de la communauté, au rythme du monde. Par ses fréquents voyages à travers le Canada, les Etats-Unis et Israël, il est l'écho mais surtout l'initiateur qui sait inspirer à sa communauté l'esprit de Shearit Israël. Jeune et novateur parce qu'il vit la réalité de la ville, du pays et du monde, mais jeune aussi, et ce n'est nullement un paradoxe, parce qu'il respecte la tradition.

Naim Kattan

THE FIRST TWO HUNDRED YEARS

When Montreal was founded in 1642, New France was a colony of France. Prior to that time, the land was inhabited by native peoples who had had freedom of the open spaces for centuries. The kings of France enjoyed the fruits of this New World, but did little to support it. The distance of crossing the Atlantic Ocean in sailing ships was costly in men and supplies. One of the earliest providers of these convoys of ships was a Jew, Abraham Gradis of Bordeaux. Over the years he sent ships, men and the goods for their upkeep, as well as for trading with the Indians. The French king was grateful. However, even this wealthy supplier was unable to give sufficient backing to withstand the invasion of the British. General Wolfe led the troops in 1759 to the Plains of Abraham, when Britain conquered this part of the New World.

During the French regime only Catholics were allowed to settle in New France. When a young French Jewess, Esther Brandeau, disguised as a male sailor, arrived in this country in 1738, her identity was soon revealed. When she refused to convert, she was returned to France at the king's expense.

1760 – 1800
FIRST JEWISH SETTLEMENT

At the time the British army arrived in Montreal in 1760, the food commissary to the military was Aaron Hart (1724-1800). He had been in the American colonies since arriving from Britain in 1747. Food supplies had always been his occupation and it continued to be. Not long after, he settled in Three Rivers (Trois Rivières) and was granted two seigneuries. His religion was a very important part of his life, holding services in his home and acting as his own shohet. There were few co-religionists here and he returned to England to marry his cousin, Dorothea Judah. In 1760 Aaron Hart became the first Jewish freemason in America.

A Royal Bank letter of July/August 1992 stated: *"Montreal has always stood stage centre in Canadian affairs, never more so than in the British take-over of the country. Contrary to popular belief, the French regime did not end on the Plains of Abraham in 1759. It actually ended in Montreal almost a year later - on September 8, 1760. Accompanying the British were several hundred civilian businessmen engaged in supplying the army. The majority of the soldiers and traders were Protestants, who for some time held services in Catholic churches with the blessing of the curés. The first non-Catholic place of worship to be built was not a Protestant church, but a synagogue for Jewish traders. This was appropriate for a city which would one day contain Canada's largest Jewish population, and whose culture would be richly influenced by Jewish ways."*

From 1760 other Jews began coming to Montreal from the American colonies, the West Indies and Great Britain. In 1767 Levy Simon and Lazarus David became the first Jewish landowners in Montreal. However, by 1782 Levy Solomon had become the largest landowner.

In 1768, when there were about 15 or 20 Jews settled in the little colony, they came together to hold religious services. Thus they formed the Portuguese congregation

(Shearith Israel). Guidance came from the London and New York sister congregations. The London Portuguese congregation presented the little Montreal synagogue with two old Torah scrolls. These were used for many years - one was sent to the Judaica collection of National Archives in Ottawa a few years ago when it was no longer usable and the other is buried in the Synagogue's cemetery on the slopes of Mount Royal.

From 1768 - 1777, the members met for worship in a rented hall on St. James Street. In 1777, David David lent to our Congregation the land on which the first synagogue was built, at the corner of Little St. James and Notre Dame Streets where the court house now stands. This original building was a "low walled edifice of stone, with a high red roof, and with a white washed wall enclosing it". A plaque commemorating the building was erected on the site, but is now in the possession of the synagogue.

In 1775 the congregation acquired land for a cemetery on St. Janvier Street. Lazarus David, the father of David David, was the first to be interred. His remains rested there until the new cemetery was acquired on Mount Royal.

David David and his brother Samuel signed a petition requesting modification of import regulations in 1779. As a result Montreal became a Customs Port of Entry. David David was also an original member of the predecessor of the Montreal Board of Trade. He was one of the most active founders of the Bank of Montreal in 1817, and remained on the board until his death in 1824. He was one of the first life governors

of the Montreal General Hospital. The David family were wealthy landowners and traders, as were most of the original settlers. All were active in this new small Jewish community. Their occupation often took them far afield, west to the head of Lake Superior and north to the shores of Hudson's Bay, where they traded with the Indian trappers.

Levy Solomon and Ezekiel Solomon are specially noted for bringing many heavy canoes of furs each year from places bearing delightful names such as Michilimackinac, down the waterway to be traded at the annual spring fur fairs in Montreal; or to be transferred to larger ships for transporting to England for trade. These and the other merchants and traders were active in and leaders of the synagogue.

The first by-laws of the congregation were drawn up in 1778, during the presidency of Levy Solomon. These by-laws exacted fines for certain violations such as "refusing an honour" or "any person absenting himself from the House of God on any frivolous pretence".

At first various members of the community had led the services. The first spiritual leader of this little congregation was Rev. Jacob Raphael Cohen, who remained from 1778-1782, when he left for the Sephardi synagogue, Mikveh Israel, in Philadelphia. Rev. Cohen was succeeded by Hazan R. de Lara, who remained until 1810, at which time lay leaders took over once more.

Montreal in 1796 was a walled city of about 500 houses, mostly built of stone on narrow roads. The walls of the city were necessary to protect against invading tribes of

COMMUNITY LEADERS
1800 – 1850

Indians, who were frequently seen around the streets with painted faces and long earrings. As time passed, the city increased fairly rapidly in mumbers so that by 1817 the population had reached 15,000. A night watchman would cry out the hours on street corners for the information of the populace. For its water needs, each household had a puncheon, or water vat, which was filled daily from water brought in carts from the river. Good water was also obtained from a pump in the centre of Place d'Armes, or from Notre Dame Street, at the west end of the court house, opposite the home of David David. He was known as "le gros juif contre le pompe"!

During the period from 1800-1850, the small Jewish community in Upper and Lower Canada was well served by extraordinary leaders.

Henry Joseph, a nephew of Aaron Hart, established himself in the town of Berthier. He established one of the largest chains of trading posts in Canada - through the St. Lawrence, the Great Lakes and even to Hudson Bay. Large fleets of canoes brought the furs to Montreal and he used ocean ships to transport the traders and furs to England and Europe. In a sense, he was the founder of Canada's merchant marine.

In 1807 Ezekiel Hart (1770-1843), a son of Aaron Hart, was elected to the legislative assembly to represent Three Rivers (Trois Rivières), a predominantly French community. Refusing to take the oath as a Christian, he was rejected. Elected a second time, he again was refused permission to sit in the House for the same reason. It took until 1831 for legislation to be passed allow-

ing a Jew to take the oath on a Hebrew bible with head covered.

In 1824, on the death of David David, the leased land on which the first synagogue was located, reverted to David's heirs. The synagogue building was closed. Services continued to be held in an establshment on the property of Benjamin Hart, one of the sons of Aaron Hart, at the corner of St. Helen and Récollet Streets. Benjamin Hart was president of the synagogue for a number of years, and was an active Montrealer. The Grand Trunk Railway was one of his interests.

By 1831 the Jewish population of Canada had reached 107, which was 0.01% of the total population. All but a few were members of the Shearith Israel Congregation.

After much petitioning of Parliament, a bill was sanctioned in 1831 authorizing the community to keep a register of births, marriages and deaths. Up to that time, records were casual or nonexistent.

In 1833 Dr. Aaron Hart David, a grandson of Lazarus David, received his medical degree. He became an attending physician at the Montreal General Hospital, as well as one of the first doctors in attendance at St. Patrick's, a branch of the Hotel Dieu Hospital. He wrote numerous medical articles. Dr. David provided free medical care and medicine to the needy for many years. At one time he held the presidency of the Province of Quebec Board of Health . He was one of the founders of the Medical Faculty of Bishop's college and was appointed professor, and later Dean of the Faculty of Medicine. In March 1882 the Faculty founded the David Scholarship to perpetuate his name for service to the university. He married Catherine, a daughter of Henry Joseph. Dr. David was very active within the Congregation, acting several times as its president, and was secretary to the Congregation at the opening of Cheneville Street building.

Abraham Joseph, a son of Henry Joseph and Rachel Solomon, was a charter member of the newly established Chenneville Street building of Shearith Israel. Although he lived in Quebec City, he was a frequent visitor to Montreal and the synagogue. He was president of the Dominion Board of Trade and the Quebec Board of Trade. He was president of the Stadacona Bank, which encountered financial difficulties. When the Bank closed in 1874, he paid all the creditors one hundred cents on the dollar from his own pocket. Mr. Joseph was a director of the Banque Nationale, as well as of the Quebec and Gulf Ports Steamship Company. At one time he stood for mayor of Quebec City, and was only narrowly defeated.

Jesse Joseph, a brother of Abraham, was one of the organizers of the Montreal Gas Company, and for nearly 20 years its president. He was president of the Montreal Street Railway, established the Montreal Telegraph Company and was a director of the Banque Nationale. Due to close commercial ties with Belgium, he was appointed the first honourary Belgian Consul in Canada, and was created a Chevalier of the Belgian Order of Léopold. Jesse Joseph's home was of social note in Victorian Montreal.

Jacob Henry Joseph, another brother, promoted the construction of the Champlain and St. Lawrence Railroad - the first line built in Canada. It opened in 1836. He was one of a group of thirty who organized the first telegraph company in Canada and was one of the builders of the first telegraph line to the United States. The Newfoundland Telegraph Company, which formed the last link in the first transatlantic cable, was one of the companies in which he had a partnership. For many years he was president of the Montreal Elevator Company. He was one of the original shareholders of the British North America Bank and the Union Bank. He became vice president of the Montreal Board of Trade. Through his effort, the office of Port Warden and Harbour Inspector were initiated. In 1837, he served with the troops of Chambly and Richelieu and was entrusted with the duty of conveying dispatches at night between Sir John Colhorne, commander of the British garrison in Canada, and General Wetherall.

Gershom Joseph, another brother, was the first Jewish lawyer appointed a Queen's Counsel in Canada.

Samuel Benjamin was the first Jew elected to the Montreal City Council. He and his two brothers were very active in the community.

Mr. Zigmund Fineberg, at one time Parnas of the Congregation, was the founder and the first president of the Hebrew Free Loan Society of Montreal. He was active also in other communal organizations.

In 1848 the Hebrew Philanthropic Society was founded by the Portuguese synagogue members and was the only organization in Montreal to cover the benevolent needs of the community.

PERIOD OF CONSOLIDATION
1832 – 1882

*Chenneville Street:
the Congregation's
second building*

Land was purchased on Chenneville Street in 1832 for a new synagogue building, which was erected in 1835. It was a fine grey stone building with a columned portico, and stood just above La Gauchetiere Street. The Occident Magazine of 1848 wrote: "The expense of the building was raised by private subscription, principally amongst persons professing Judaism in this city. The largest donation was given by the late Mrs. Francis Michaels (nee David) of this city, amounting to £575. This synagogue is the only one in British North America."

The synagogue was designed by Moses Judah Hays, a son of Andrew Hays and Abigail David. He was another prominent Montrealer, and later president of the Synagogue. He had established the first Water Works in Montreal, built a hotel and a theatre, and was chief commissioner of police for many years. He was president of the Hebrew Philanthropic Society, while Abraham de Sola was secretary. Together with Benjamin Hart, Moses Judah Hays received a commission as magistrate for the city of Montreal in 1837. Both their certificates were signed personally by Queen Victoria.

Mr. David Piza, the new hazan, and Mr. Aaron, the shohet-shamash, arrived from

David Piza: 1839 - 1846

London in 1839 and remained until 1846. Rev. Piza was very popular with the Congregation. He started a ladies' choir, which sat in the balcony. Until 1844 sermons had been delivered in Portuguese, but at that time Rev. Piza was advised that he would be expected to deliver two sermons in English for the Passover season.

In 1846 an attempt was made to form another congregation in Montreal. However, it was not until about 1850 that the German and Polish congregation was permanently established. It was mainly founded by men who had first been members of the Portuguese synagogue. They were not accustomed to the Sephardi minhag. The trustees of Shearith Israel presented the new "Sha'ar Hashomayim" congregation with its first Sefer Torah. The Sha'ar Hashomayim soon became and remains one of Montreal's most prominent congregations.

Another search was started in 1846 for a Hazan after Rev. Piza left Shearith Israel and returned to London. Twenty-one year old Abraham de Sola, son of the renowned Rev. David Aaron de Sola of London, and grandson of Haham Raphael Meldola was chosen.

It took a 43 day journey for the young Hazan to reach Montreal. He soon established a reputation as a dynamic speaker both in the Jewish and general community. Education was one of his greatest interests. McGill College appointed Rev. de Sola lecturer and later professor of Semitic and Oriental languages, and later still lecturer in Spanish literature. McGill bestowed upon him an Honourary Doctorate of Laws. This was a great honour, and the first such degree to be given to a Jewish minister either on this continent or in the Mother country.

Perhaps the greatest recognition of Dr. Abraham de Sola was shown in 1872 by President Ulysses S. Grant of the United States of America. When relations had become strained between the U.S.A. and Great Britain during the American Civil War, an attempt was made to ease the tension by inviting Dr. de Sola to deliver the opening prayer, with head covered, before the House of

Dr.Abraham de Sola: 1846 - 1882

15

Representatives. No Canadian clergyman has since been so honoured. The congregation presented Dr. de Sola with an illustrated scroll on his return from Washington.

Dr. de Sola collaborated with Rev. Jacques J. Lyons of Shearith Israel in New York, to compile a 50 year Jewish calendar in 1854. He also revised and published a new edition of the Sephardi prayer books in 1878. He was a prolific writer on religious, scientific and historic matters. For many years he was president of the Natural History Society.

Dr. Abraham de Sola died in 1882 while on a visit to his sister in New York. His remains were brought back to Montreal to be buried in the our cemetery on Mount Royal.

Due to its proximity to the river front, the little community of Montreal was often flooded. Perhaps the worst occasion was in 1861. The ice in the river jammed on April 14, and in less than an hour the water had risen to above St. James Street, just down the hill from the Chenneville Street synagogue. The wooden sidewalks had to be anchored like rafts to the front steps of the homes. The last of the great floods was in 1887.

Meldola de Sola, the eldest son of Abraham de Sola and Esther Joseph, succeeded his father as hazan of the Montreal

Meldola de Sola: 1882 - 1918

Shearith Israel. He was the first Canadian born hazan, and was a descendant of the Meldola family who were noted for the many eminent scholars. Meldola de Sola's musical abilities were much appreciated by the congregation, and some of his melodies are still used in the synagogue. He, too, was a dynamic speaker, and was active in the community. He died in 1919, completing a 72 year cycle of father and son ably leading the Shearith Israel Congregation in Montreal.

A special general meeting of the Congregation in January 1890 agreed that the Synagogue's Act of Incorporation should be amended. One of the changes was to alter the name of the congregation from "The Corporation of Portuguese Jews" to the "Corporation of Spanish and Portuguese Jews, Shearith Israel of Montreal". Messrs. Lewis Hart and Gershom Joseph Q.C. were responsible for having the amendments placed before the Provincial Legislature, where they were enacted on April 20, 1891. As the synagogue was incorporated originally during the time of British rule, and long before the Confederation of Canada, the charter of our Synagogue can be modified only by the parliament of Quebec.•

• In 1985, when seeking government grants to repair our building, the Provincial Office de la Langue Français requested our Synagogue to officially adopt a French version of our corporate name. David Kauffman, President, readily agreed provided that a member of the Parti Québecois government of the day would sponsor an expensive private members bill amending the laws of Québec in order to do so. The repair grant was received: the requirement to modify our name was dropped. The unofficial French name is "Congrégation Spanish & Portuguese" or "Congrégation Espagnol et Portugaise".

16

STANLEY STREET EDIFICE
1882 - 1928

Shearith Israel continued to grow. In 1892, it moved to a new edifice on Stanley Street between Ste. Catherine Sreet and De Maisonneuve, and was built in Judeo-Egyptian style with columns. This building was designed by Clarence I. de Sola, another son of Abraham de Sola. He, too, served our Congregation as treasurer, parnas and president. His interest in history led to his writing many articles on that subject. He was active on the committee which founded the Federation of Jewish Philanthropies of Montreal. Clarence de Sola attended

a conference with the Rt. Hon. Arthur J. Balfour, British Secretary of State for Foreign Affairs, on the 29th of May, 1917. The facts and arguments he presented at that time are said to have played no small part in bringing about the famous Balfour Declaration where Britain supported the claim of many Jews to regain Palestine as their homeland. He became an officer of the Canadian Zionist Society, and was president from 1903 until his death in 1920.

Mr. de Sola was a businessman and had interests in several ship building firms and steamship companies. As manager and director of the Comptoir Belgo-Canadien, he succeeded his uncle, Jesse Joseph, as honourary Belgian Consul in Canada. He was also decorated by King Albert of the Belgians.

During the de Sola period, Rev. Isaac de la Penha assisted as minister, having been appointed in 1908. He came to Montreal from New York, where he had assisted Rev.

Stanley Street, The congregation's third building.

Dr. Henry Pereira Mendes. Starting life in Amsterdam, Rev. de la Penha was also an accomplished diamond cutter. (An ancestor, Joseph de la Penha, had saved the life of King William III of the Netherlands. As a reward, the territory of Labrador was granted to him and his family in perpetuity. Unfortunately, when Labrador was declared part of Newfoundland in 1927, the British authorities refused to consider the grant of King William, stating the claim had lain dormant too long.) Throughout this period, Rev. de la Penha had been assisting and continued to lead services, even helping when Rabbi Charles Bender was

Issac de la Penha: 1908 - 1935

appointed in 1928.

On the death of Rev. Meldola de Sola in 1920, Rabbi Dr. Raphael Melamud was appointed. He endeavoured to sustain the Sunday School. Also he inspired the ladies to start a Sisterhood, as mentioned later.

Rabbi Dr. Joseph Corcos of Morocco came to the Congregation three years later when Rev. Melamud left. He was active in all phases of the synagogue. Poor health made it necessary for him to retire in 1925.

1928 - 1960
CHANGES AND PRESSURES

When the great depression began in 1929, the Congregation suffered difficult economic times. Members were gradually moving away from what had become a downtown commercial area. As numbers declined, finances became very difficult.

Since the early 1920s, the Congregation had been staunchly led by Captain William Sebag-Montefiore as president. He made every effort to hold the dwindling congregation together and maintain its leadership role in the community. As the years progressed, two other men became the Congregation's mainstay : Philip Hart, the secretary, and Martin Wolff, the treasurer, together with Capt. Montefiore.

Dr. Joseph Corcos: 1922 - 1925

At this point Shearith Israel took a unique step for an Orthodox congregation by appointing two ladies to the Board of Trustees in 1926. They were Miss Reba Goltman and Mrs. Martin Wolff (née Irene Joseph).

No story of this period would be complete without mention of Mr. Isaac Kirschberg. His father before him had been a member of the Congregation and had assisted with services. Mr. Isaac Kirschberg led the choir and read the service whenever required until his death in 1957. Other members of his family also added strength to the choir. The choir for many years had been an asset of the Congregation. Most of the members were volunteers, although at times some were paid.

From 1928, when Rabbi Bender joined the Synagogue, his melodious voice and thought-provoking sermons helped to

Charles Bender: 1928 - 1940

strengthen our Congregation. He led the Sunday School, and started a bulletin in 1931 to keep the members informed of events. The general community also benefitted from the presence of Rabbi Bender who had become active in various organizations. Under his leadership, special services were held at the Spanish and Portuguese Synagogue for the Armed Services, Boy Scouts and Girl Guides, the Masons, etc. After receiving no remuneration for three years, Rabbi Bender reluctantly had to leave us in 1940 to support himself and his family. However, he generously continued to assist us whenever requested.

In 1938 Mr. Joseph Pesach, who had arrived from Turkey some years earlier, was appointed shamash. He was very familiar with the services and assisted whenever necessary. On the arrival of Rabbi Dr. Solomon Frank, he provided him with many particulars regarding the Sephardi minhag. He continued as shamash into the 1970s.

During World War II, services were led by various men who had fled the oppressions of Europe.

The effects of the depression and the Second World War, together with the membership leaving the downtown area, were devastating for the Congregation, which had declined to under 100 members. The beautiful building on Stanley Street was sold to Sir George Williams College in 1946 (and demolished a couple of years later.)

Sha'ar Hashomayim Synagogue offered to us the use of their small chapel during the interval between buildings. At this time Rev. A. da Sousa Pimontel arrived from England to conduct services which he continued to do up to and including the opening in 1947 of our new structure at the intersection of Lemieux Street with St. Kevin Road.

Our Synagogue bulletin started in 1931 as a one page mimeographed sheet, and gradually over the years developed into a many paged leaflet mailed out regularly to our membership so as to keep them abreast of past or future events. All thereby were well informed, whether or not they were able to attend services or activities. At present, our bulletin is distributed five times a year.

The future of any Jewish community depends on the education of the young. Thus, the first phase of the Lemieux Street project was the construction of classrooms, together with a chapel for services. The Chapel was dedicated to Horace Joseh as an acknowledgement of his years of devotion and generous legacy to the Congregation.

The Ark of polished mahogany which had first stood in the Chenneville Street synagogue and then the Stanley Street building, was installed in the Chapel.

On September 13, 1947, a joyful congregation sang sheheheyanu in thanksgiving at the first service held in the unfinished building. There was still no heat for the Rosh Hashanah services held two days later. The synagogue functioned in this way until the main sanctuary (the present Mashaal Sanctuary) was added.

On June 19, 1960 the cornerstone of the main sanctuary addition was laid by Mr. Morris Markowitz, the president. Once again the contents from both the cornerstones of Chenneville Street and Stanley Street synagogues were transferred with the glass "casket", though now 125 years old. To this was added a second jar containing the 150th Anniversary booklet, booklets from the London and New York sister congregations, a series of Canadian commemorative stamps, 15 coins and other articles of current interest.

Captain William Sebag-Montefioe was president through all the trials of leaving and selling the lovely Stanley Street synagogue, the sad interim period, and the jubilation at having a new building with hopefully an increased membership. As a tribute to him, the first auditorium in the new building was named "The Montefiore Hall".

PROMINENT MEMBERS

Shearith Israel has always been proud of its membership, and among these have been men and women who have earned recognition in the community at large. Some have been mentioned above. Others warrant mention.

Alderman Louis Rubenstein was a lifelong member of the synagogue. He won the Amateur Figure Skating Championship of the world in 1890. He was president of the Montreal Amateur Athletic Association, president and life governor of the Province of Quebec branch of the Royal Life Saving Society. From 1907 - 09 he was president of the International Skating Union of America. In 1914 he was elected a member of the Montreal City Council, and re-elected many times.

A.L. Kaplansky established the first Jewish printing business in Canada, but he retired from this in 1907 in order to study law. He was treasurer of the Spanish and Portuguese Synagogue for about ten years, followed by a number of years as Parnas.

Cecil Hart was active in the young sport of hockey. He was manager of the Maroon Hockey Team (the predecessor of the Canadiens). The Maroons won the Stanley Cup every year from 1926 -1932. Cecil Hart's father, Dr. David Hart, presented the Hart Trophy to the National Hockey League. This is still presented each year to the most valuable player in the league.

Madame Pauline Donalda (Lightstone) was an opera singer of international fame. She was the daughter of Mr. Michael Lightstone a long time member of the congregation. On retiring from the active stage,

Mme. Donalda returned to Montreal, where she founded the Montreal Opera Guild.

Dr. Ethel Stark C.M., another member of the synagogue, is an accomplished violinist and was the founder and conductor of the Woman's Symphony Orchestra of Montreal.

The Canadian Jewish Congress, the umbrella organization of the Jewish community of Canada, has filled a very important post in community affairs. Much of the work has gone on behind the scenes with the different levels of government. For many years the executive director and executive vice-president was Mr. Saul Hayes Q.C. One of his most arduous tasks was to beg the government of Canada to allow refugees from Nazi controlled lands in Europe to enter the country. This was a futile effort, but not for lack of trying every means at his disposal. Saul Hayes could not break the anti-semitic will of the Prime Minister, Mackenzie King, and Frederick Charles Blair, Deputy Minister of Immigration. Mr. Hayes also assisted Jews who were confined in internment camps in Canada during the war. He was a member of the Spanish and Portuguese Synagogue, and a grandson of A.L. Kaplansky, treasurer or parnas for over 25 years.

Alan Rose C.M., another member of the synagogue, succeeded Mr. Hayes. He ably and energeticly led the Canadian Jewish Congress as its executive vice-president from 1977 to 1994. During many years of communal service, he was instrumental in gaining freedom for Soviet Jews and in patriating Ethiopian Jews to Israel.

MILITARY SERVICE

Loyalty in times of war to the country of which they are citizens has always been a characteristic of the Jewish people. Names of the some of the first Jewish settlors in Canada are to be found among the military records of the earliest British settlement. Aaron Hart continued to serve as a Commissary officer to the army. His sons were part of the military. Ezekiel became a colonel, Benjamin enlisted and financed a garrison. Various members of the David family were attached to the militia and helped to finance it. Eleazer David was promoted to Major for his gallantry in battle. Dr. Aaron Hart David saw service as a surgeon. Three of his sons were also active. The three Joseph brothers all played their part in the militia.

During the Boer War of 1899-1901, Martin Wolff joined as an engineer with the British army.

In World War I, Captain Albert Freedman, a member of the synagogue Board of Trustees and married to Mabel Hart, distinguished himself. Captain Herbert Hyman Lightstone (brother of Madame Donalda) won the Military Cross and the Distinguished Service Order, and several times was mentioned in dispatches.

Captain William Sebag-Montefiore, for 27 years president of the Synagogue, was in command of a squadron of cavalry when the British forces invaded Palestine. He rode beside Lord Allenby. The Captain personally captured seven of the German staff officers, and was honourably mentioned in dispatches in 1916 and 1917. He was decorated with the Military Cross.

Albert Michalson served in France and the East African Campaign. Hugh Joseph, a grandson of Abraham Joseph, served in France in 1918. Others also served overseas with the forces.

Young Jewesses offered their services as nurses. Rosetta Joseph was attached to hospitals as a V.A.D. nurse in England.

During the Spanish Revolution, John Michaels (son of Michael Michaels and Muriel Hart) fought bravely. Later he fought in Palestine, where he was killed.

With the coming of the Second World War, the membership again showed its loyalty to Crown and Country by joining the Armed Services. Robert Sebag-Montefiore, David Spielman and Maitland Leo were among those who joined the army and went overseas. Lt.Major Lionel Kauffman, a Canadian in the British Army, gallantly led his troops in the African Campaign, and returned a highly decorated hero. Henry Blaustein and Herbert Goldenstein joined the Airforce. Alan Rose was with the British Forces and among the liberators of the Bergen-Belson concentration camp in Germany.

Others, too, did their part as civilians. For example Daphne Sebag-Montefiore was a Red Cross driver, and Nancy Sebag-Montefiore (Erdrich) was overseas with the Red Cross as a nurse.

EDUCATION

The moral and religious training of the children has been regarded by Jews from the very beginning of their history, as one of the principal objectives of life. In Canada our forefathers also felt strongly the need to educate the children in the ways of Judaism.

In 1837 the Montreal Portuguese congregation engaged a Hebrew teacher to instruct both children and adults in religion and other studies.

Soon after his arrival in 1847, Abraham de Sola organized a Sunday School, where 21 pupils were registered. This was the first Jewish School in Canada. Dr. de Sola himself taught the older boys.

From the magazine The Occident we learn - May 1850 "The annual examination of our Sunday School took place at the school house on the Sunday after Purim. All the scholars were present, and the pupils (30 in number) all acquitted themselves with great credit, and exhibited a degree of advancement that was quite surprising, affording evidence that the "labour of love" of those young ladies, who, with our respected Hazan (Rev. A. de Sola), devoted part of their time to this good work, is not labour in vain. The examination was attended not only by the parents of the scholars, but also by all the Israelites resident in their city who were so pleased at the proficiency displayed by the children, that a vote of thanks was proposed and unanimously passed, to the teachers, Miss Rebekah Joseph, Miss Dora Hart and Miss Emma Solomons and to Mr. de Sola, and a subscription opened for the purpose of purchasing prizes to be distributed to the most deserving."

Rev. de Sola offered his services free of charge if a Free Hebrew School could be established. In October 1874 a resolution was passed stating that the congregation would open a Free School under its auspices, in strict accordance with orthodox principles. The instruction was to consist of Hebrew according to the Minhagim of both the Portuguese and German synagogues, religious instruction and a thorough English elementary education. The school was free and open to all Jewish children, whether belonging to the congregation or not.

Dr. de Sola requested school rooms from the Protestant School Board, and also the free services of a teacher for the English subjects. Miss S. Miller was appointed and remained for five years. David Levy came from New York and taught the religious subjects.

The doors of the school were opened January 11, 1875 - the first Jewish Day School in Canada. Fourteen children registered, with only ten desks provided. School was conducted daily, except Saturdays and holidays. It closed for six weeks in the summer, when the heat became too intense.

The Sunday school continued unabated. Also there was instruction in Hebrew given each Tuesday and Thursday afternoon for an hour.

In 1876, on the departure of Mr. Levy, Mr. Jacoby came from England for $400.00 a year, and a free room in the school house. Later a "water pipe" was brought up to his room.

Finances became very tight, so in 1879 requests for donations were made from those who benefitted without paying. Corporal punishment in the school was not tolerated. At one point it was noted that Mr. Jacoby, the teacher, was made to pay $4.00 to one boy's parents, and he was told this behaviour would not be allowed to continue.

In 1882, due to lack of funds, the teaching in the Sunday School was taken over by the ladies and gentlemen of the congregation, under the guidance of Mr. Clarence I. de Sola.

Rev. Meldola de Sola took over the teaching of Hebrew on the death of his Father, Dr. Abraham de Sola. When the Stanley Street synagogue opened, the school too, was moved to this new building. The Roman Catholic School Board put in a hot water furnace which helped the comfort of the students. By 1890, at the time of this move, there were 54 pupils registered. Rev. Meldola de Sola was giving two hours a day as Hebrew teacher and superintendent of the school for $600.00 a year.

Sadly, due to lack of resources the venture had to be closed in 1895. However, Rev. de Sola was appointed by the Protestant School Commission to teach Hebrew in Dufferin School, where more than half of the 600 Jewish children in the system attended.

The Sunday School continued uninterrupted, and by 1918 there were 106 pupils registered. By 1947 a salary of $2.50 an hour was paid to the teachers. At that time with the closure of the synagogue on Stanley Street, an era came to an end with the closure also of the Sunday School.

However, with the move to the Lemieux Avenue location the wish to broaden the education of the Jewish children in the neighbourhood, resulted in the opening of the first Jewish Day School in the west end of Montreal. All the classes for Nursery School, kindergarten, first grade, afternoon classes and Sunday School were under the supervision of Mr. Lionel Kauffman. Each year another grade was added.

By 1952 the financial burden became too great for the synagogue, so the Talmud Torah took over the running of the school. In 1954 the Sunday School was finally discontinued. Since 1955 the classes have been entirely under the aegis of the Talmud Torah.

On and off over the years classes have been conducted in Hebrew, Jewish

ORGANIZATIONS
WITHIN THE SYNAGOGUE

History, Talmud, the Prayer Book, and other subjects related to Judaism.

In the words of the Shema - "and thou shalt teach them diligently unto thy children." And so with a willing heart and hand we search for knowledge for our children and ourselves.

THE SISTERHOOD

In 1918 when Rev. Dr. Raphael Melamud of Philadelphia became Hazan of the Spanish and Portuguese synagogue in Montreal one of his main interests was the formation of the women of the congregation into a Sisterhood.

Up to this time the ladies had been meeting regularly to sew undergarments for the Jewish poor of the city, or for sending overseas to deprived populations. The Ladies Sewing Circle, under the leadership of Mrs. Meldola de Sola, felt strongly the blessing of helping those in need throughout the community.

The first president of the newly formed Sisterhood was Mrs. Clarence I. de Sola, who guided the 28 members to promote the ideals of the synagogue. -"the objects shall be the cultivation of social inter-course, the advancements of the interests of the congregation, the furtherance of Jewish observance and study, and such other religious and philanthropic objects as the organization may desire to pursue."

The membership continued to do the very important sewing for the needy, at the same time as they took on more pertinent activities for the synagogue. The repair and

Dr Raphael H. Melamed:
1918 - 1922

replacement of the Torah vestments were taken over by these devoted women. The Sisterhood members filled a void in the synagogue family, for example they stepped into the breach when volunteer teachers were not available for the Religious School. When paid teachers were found to be necessary, they raised the money to cover this expense. The Sunday School pupils were entertained on Purim and Hanucah, and other special occasions. Each year, decorating the Succah was a much anticipated labour of love.

Members served lunches at the Baron de Hirsch Institute, sewed garments for those in the Hebrew Orphanage, and later for the Social Service Department of the Jewish General Hospital. Many visits were made to the Old Folks Home and the Ste-Agathe Sanitarium. Monies were raised for the Helping Hand Fund for Palestine.

From the start the programs for the meetings of the membership were varied and satisfying. They had musical programs and speakers. Hebrew classes were also initiated.

Fund raising became a very important function of the Sisterhood. The synagogue ran into difficult economic times, and it was the Sisterhood funds which helped to keep the organization functioning. Over the years the method of raising these monies has been varied. The annual Donor Luncheon started in 1936. At that time the admission charge was $0.50 and was both a social and financial success. In 1938 Lauritz Melchior, the famous international opera singer, gave a successful concert at His Majesty's Theatre sponsored by the Sisterhood. At one point, choir caps and gowns were purchased. Much needed kitchen equipment has been provided, as well as a Baldwin organ for the Synagogue, plus other furnishings.

In 1941 the Sisterhood provided the wine and refreshments for the newly inaugurated kiddushim given every Saturday morning after services.

The synagogue had occupied a site on Stanley Street when the Sisterhood was founded. However, in 1947 the ladies were heavily involved in the move to the present location. In 1946 the Sisterhood published a commemoration book in honour of the Stanley Street synagogue. This money was raised to aid the new building fund.

Since coming to the present locale, the Sisterhood started a memory book since replaced by the Sefer Hakavod. Any occasion of joy or sorrow can be commemorated by a donation to this fund with an appropriate acknowledgement card being sent.

A life membership category was started. The money for folding chairs for the halls was another project of the ladies of the Sisterhood. Over the years at various times raffles and lotteries have been conducted profitably. Annual imaginary teas were held for some time. Rummage sales required great effort, but helped to raise the necessary funds for the synagogue. Bake sales in private homes is very popular with the membership.

All these and other money raising activities helped the Sisterhood to gather the means to set up the Endowment Fund, which now totals well over $100,000. The interest accumulating from this Fund helps the Synagogue to furnish many of its needs.

The membership started in 1918 with 28 women. The number of members has grown to 288. Enthusiasm has seldom waned although there have been shaky periods of leadership.

Since moving to the present location the meetings have covered many subjects of Jewish and general interest. Study groups have attracted many members who wish to know more of their Jewish heritage. The members show their concerns for women's issues and inter-relationships. Tours outside the synagogue have kept the women alert to the world around them. Fashion shows are very popular. Cooking classes are well attended. For a time, a French conversation group met regularly.

Parties for families for Hanukah, Purim and Succoth have been sponsored by the Sisterhood.

The Sisterhood membership has been augmented of recent years by the arrival of families from the Middle East, like Iraq and Lebanon and others from North Africa such as Morocco, Algeria and Egypt. The ladies have thus added a new dimension to the continuance of a vibrant and worthwhile congregation.

THE YOUNG PEOPLES ASSEMBLY

Around 1920, the young members of the Synagogue (then housed on Stanley Street) formed an association, primarily for social contacts. The Synagogue building became a gathering place for singles to become acquainted with each other. Some of the members were Miriam Regenstreif (nee Issenman), Jennie Erdrich, Doretta Stark, Reginald Hart, Jess Ginsbeg and Arnold Fineberg.

Dances were held at intervals, as well as such events as boat rides. There was an annual dance held at a hotel or in the Synagogue rooms which was looked forward to by all the younger members of the larger Jewish community.

This worthwhile organization almost came to a close when the beginning of World War II seemed imminent. Other work appeared to be more pertinent for the times. However, in 1945 there was a revival. Meetings were held regularly twice a month, in the Stanley Street rooms. Once a year a gala dinner dance took place, which became one of the highlights of the social season.

The group was able to have gatherings in private homes for musical programs. Speakers came to some of the meetings to inform the group on a variety of subjects.

This organization, too, petered out, but not before two or three marriages had taken place between members who had met at the Young People's Assembly.

THE BROTHERHOOD OR MENS' CLUB

Throughout the life of the Synagogue, men have gathered for activities. A more formal Brotherhood or Men's Club was established at the begining of this century. A note in the synagogue minutes suggests that attendance was dropping in the Men's Club in 1922. However since that time, both at the Stanley Street building and the present one on Lemieux Avenue, the Mens's Club has organized Sunday breakfast programs. In the 1950s and 1960s, Joseph Handman and Louis Shore, among others, were most active in this area. Since the early 1970s, however, this organization has been dormant.

Silver bells adorning one of the congregation's sifrei torah, in the Ashkenazi style.

CONCLUSION

The tradition of the Sephardim has been maintained over the more than two centuries of the Congregation. There have been additions to the service as different groups joined the membership. Until the 1930s, the service had remained pretty stable. The Synagogue at that time, on Stanley Street, was the only downtown congregation. Many who worked in the area wanted to attend yizcor memorial services. Therefore to satisfy this need of the Ashkenazis, the yizkor prayer was introduced.

When the congregation relocated into the Snowdon area, many Ashkenazi members joined and a few accomodations were made to the services. With the influx of large numbers of Sephardim from North Africa, several North African accomodations were appended to the services.

At this time of the 225th Anniversary of the Spanish and Portuguese Synagogue in Montreal, we can indeed look back with pride to our accomplishments and contributions in both the religious and secular lives of our community.

Lors de la fondation de Montréal en 1642, la Nouvelle-France était une colonie française. *Avant cette période, le territoire était habité par des peuples autochtones qui avaient eu la liberté de se déplacer pendant des siècles. Les rois de France profitèrent du Nouveau Monde, mais firent peu pour subvenir à ses besoins. La traversée de l'Atlantique coûtait cher en vivres et en vies. Une des premières personnes à être responsable des flottes de navires fut un Juif nommé Abraham Gradis de Bordeaux. Au fil des ans, il envoya quantité de bateaux, d'hommes et de vivres pour les entretenir et faire la traite avec les Amérindiens. Le roi de France fut reconnaissant, mais ce riche fournisseur fut incapable de financer suffisamment la résistance contre l'invasion britannique. En 1759, le genenal Wolfe conduisit ses troupes sur les Plaines d'Abraham et conquit cette partie du monde.*

Durant le Régime français, seuls les catholiques avaient le droit de s'établir en Nouvelle-France. Lorsqu'une jeune Juive française, déguisée en marin, arriva au pays en 1738, on découvrit son identité et exigea la conversion au catholicisme. Devant son refus, on la renvoya en France au frais du roi.

1760 à 1800
LE PRÉMIER ÉTABLISSEMENT JUIf

À l'arrivée de l'armée britannique à Montréal en 1760, l'officier d'intendance pour l'armée était Aaron Hart (1724-1800). Celui-ci avait vécu dans les colonies américaines depuis son départ d'Angleterre en 1747 et continua de s'occuper de l'approvisionnement pour l'armée à son arrivée au Canada. Peu après, il s'établit à Trois-Rivières et reçut deux seigneuries. Comme sa religion tenait une place importante dans sa vie, il organisa des offices chez lui et agit en tant que shohet. Il y avait peu de coreligionnaires, et il dut retourner en Angleterre pour épouser sa cousine, Dorothéa Judah. En 1760, Aaron Hart devint le premier franc-maçon juif d'Amérique.

Une lettre de la Banque Royale de juillet/août 1992 déclarait :

«Montréal a toujours été le centre des affaires canadiennes et ce, surtout lors de l'arrivée des Britanniques. Contrairement à la croyance populaire, le Régime français ne se termina pas aux Plaines d'Abraham en 1759, mais plutôt à Montréal presque un an plus tard, soit le 8 septembre 1760. Parmi les Britanniques qui arrivèrent au pays, des centaines d'hommes d'affaires vinrent pour faire le commerce avec l'armée. La majorité des soldats et commerçants était de foi protestante, et on dut pour quelque temps offrir les services religieux dans des églises catholiques avec l'accord des curés. Pourtant, le premier endroit de confession non catholique à être bâti à Montréal ne fut pas une église protestante, mais une synagogue pour les commerçants juifs. Cela semble raisonnable puisqu'on y retrouverait, quelques années plus tard, la plus forte concentration de Juifs au Canada, lesquels influencèrent grandement la vie culturelle de Montréal.»

À partir de 1760, d'autres vinrent des colonies américaines, des Antilles et de Grande-Bretagne pour s'établir à Montréal. En 1767, Lévy Simon et Lazarus David furent les premiers propriétaires fonciers juifs de Montréal. Cependant, Lévy Solomon devint le plus grand propriétaire dès 1782.

En 1768, il y avait de 15 à 20 Juifs établis dans la petite colonie. Ceux-ci s'organisèrent pour offrir des services religieux et créèrent la

Congrégation portugaise Shearith Israël. Ils reçurent de l'aide des congrégations-soeurs de New York et de Londres. La Congrégation londonnienne offrit à la petite synagogue montréalaise deux vieux manuscrits de la Torah. Ceux-ci ont servi pendant de nombreuses années, et l'un d'entre eux se trouve présentement dans la collection judaïque aux Archives nationales à Ottawa tandis que l'autre est enterré au cimetière de la synagogue situé sur les pentes du Mont-Royal.

De 1768 à 1777, les réunions de la congrégation portugaise eurent lieu dans des locaux loués rue St-Jacques. En 1777, on construisit la première synagogue sur un terrain situé aux coins des rues Petit St-Jacques et Notre-Dame qui fut prêté par David David. C'est le site actuel du Palais de justice. L'édifice original, aux murs de pierres bas soutenant un haut toit rouge, était entouré d'une muraille peinte à la chaux. Une plaque commémorant cet édifice fut érigée sur le site, mais elle est présentement en possession de la synagogue.

En 1775, la congrégation acquit un lopin de terre pour y installer un cimetière rue St-Janvier. Lazarus David, le père de David David, fut le premier à y être enterré; toutefois, lors de l'acquisition du cimetière du Mont-Royal, sa dépouille y fut transférée.

En 1779, David David et son frère Samuel signèrent une pétition qui visait à apporter des modifications aux réglements sur les importations. Montréal devint ainsi un port d'entrée. David David était également l'un des premiers membres fondateurs de l'ancêtre de la Chambre de commerce du Montréal métropolitain. Il fut aussi nommé gouverneur à vie de l'Hôpital Général de Montréal. En 1817, il était l'un des fondateurs les plus actifs de la Banque de Montréal et demeura au conseil d'administration jusqu'à sa mort en

1824. La famille David figurait parmi les plus riches propriétaires et commerçants de fourrure de la ville -tout comme la plupart des premiers colons- et fut très active au sein de la nouvelle communauté juive. Les David voyagèrent beaucoup dans les Prairies, l'ouest du Canada et les colonies américaines où ils firent le commerce de la fourrure avec les Amérindiens.

Quant à Lévy et Ézékiel Solomon, ils mirent sur pied un réseau de transport en canot destiné aux cargaisons de peaux qui provenaient de lieux aux noms aussi évocateurs que Michilimackinac et qui seraient ensuite vendues aux foires printanières annuelles ou exportées en Angleterre. Ils faisaient aussi partie d'un groupe de marchands et de commerçants qui s'impliquaient dans les activités de la synagogue et en étaient ses leaders.

Les premiers règlements de la congrégation furent rédigés en 1778 durant la présidence de Lévy Solomon et exigeaient le paiement d'amendes lors de violations telles que «le refus d'un honneur» ou «l'absence à la Maison de Dieu sous un quelconque prétexte».

Au début, différents membres de la communauté dirigèrent les services religieux. Le premier leader spirituel de la congrégation fut le révérend Jacob Raphaël Cohen. Le hazan R. de Lara succéda au révérend Cohen lorsque ce dernier partit pour la synagogue sépharade Mikveh Israël de Philadelphie en 1782. Lors du départ du hazan de Lara en 1810, différents leaders laïcs prirent de nouveau la relève.

En 1796, Montréal était une ville fortifiée d'environ 500 maisons principalement construites en pierres dans de petites rues étroites. La muraille de la ville avait été érigée pour se protéger des Amérindiens aux visages peints et longues boucles d'oreille que l'on voyaient

PÉRIOD DE CONSOLIDATION
1832 À 1882

fréquemment se promener dans les rues. Au fil des ans, la population croissait assez rapidement. En 1817, on dénombrait 15 000 habitants. La nuit, un gardien déclamait toutes les heures sur les coins de rue pour en informer la population. Pour ses besoins en eau, chaque famille avait une grande cuve ou citerne que l'on remplissait chaque jour à l'aide de charrettes qui venaient du fleuve. On pouvait aussi s'approvisionner en eau grâce à deux pompes : l'une installée à la Place d'Armes, l'autre, rue Notre-Dame, à l'ouest du palais de justice, située en face de la demeure de David David. Pour cette raison, on surnomma ce dernier «le gros Juif contre la pompe».

1800 à 1850
LES LEADERS DE LA COMMUNAUTÉ

De 1800 à 1850, la petite communauté juive du Québec et du Canada connut d'extraordinaires leaders.

Henry Joseph, le neveu d'Aaron Hart, vint s'installer dans la ville de Berthier. Il y établit l'une des plus grosses chaînes de postes de traite de fourrure au Canada -laquelle s'étendait du fleuve St-Laurent jusqu'aux Grands Lacs et même jusqu'à la baie d'Hudson. De nombreux canots partaient chercher les fourrures pour les rapporter à Montréal d'où on exportait certaines peaux vers l'Europe grâce à une flotte de navires. En un sens, il fut le fondateur de la marine marchande canadienne.

En 1807, Ézékiel Hart (1770-1843), un des fils d'Aaron Hart, fut élu à l'Assemblée législative pour représenter Trois-Rivières, une communauté principalement francophone. Refusant de prêter serment en tant que chrétien, il se vit refuser l'entrée. Malgré une réélection, on lui interdit de nouveau l'entrée en Chambre. Ce n'est qu'en 1831 qu'un amendement à la loi permit à

un Juif de prêter serment sur la Bible judaïque, tête couverte.

À la mort de David David en 1824, le terrain loué sur lequel fut construite la première synagogue fut repris par ses héritiers, ce qui entraîna la fermeture de l'édifice. Les offices se transportèrent alors dans un bâtiment situé au coin des rues Ste-Hélène et Récollet qui appartenait à Benjamin Hart, un autre fils d'Aaron Hart. Benjamin Hart fut président de la synagogue pendant de nombreuses années au cours desquelles il participa activement au développement de Montréal. La Société de chemins de fer du Grand Tronc faisait partie de ses occupations.

En 1831, la population juive du Canada (107 habitants) représentait 0,01 pour cent de la population totale. Presque tous furent membres de la congrégation Shearith Israël.

Grâce à de nombreuses pétitions au Parlement, on adopta en 1831 une loi qui permit à la communauté d'enregistrer les naissances, les mariages et les décès. Avant cela, les registres étaient non-officiels ou inexistants.

En 1833, le Dr Aaron Hart David, petit-fils de Lazarus David, reçut son diplôme en médecine. Il devint médecin à l'Hôpital Général de Montréal ainsi que l'un des premiers médecins soignants du St-Patrick qui dépendait alors de l'Hôtel-Dieu. Il écrivit un bon nombre d'articles dans des journaux de médecine. Le Dr David soigna gratuitement les pauvres pendant de longues années. Il assuma pendant un certain temps la présidence du ministère de la Santé du Québec. L'un des fondateurs de la faculté de Médecine de l'université Bishop, Dr David y devint professeur puis doyen. Il épousa Catherine, fille d'Henry Joseph, et s'impliqua lui aussi dans les activités de la congrégation dont il fut le président pendant plusieurs années.

Rue Cheneville: deuxième édifice de la congrégation

En mars 1882, la faculté de Médecine créa la Bourse d'études David à sa mémoire.

Abraham Joseph, fils d'Henry Joseph et de Rachel Solomon, fut un membre du nouvel établissement de Shearith Israël sis rue Chenneville. Même s'il résidait à Québec, il venait fréquemment à Montréal et à la synagogue. Il fut président de la Chambre de commerce du Canada, de la Chambre de commerce du Québec et de la Banque Stadacona qui eut des difficultés pécuniaires et ferma ses portes en 1874. Cependant, il remboursa entièrement tous ses créanciers de sa propre poche. De plus, M. Joseph fut directeur de la Banque Nationale ainsi que de la société «Quebec Gulf Ports Steamship». Enfin, il se présenta aux élections municipales de Québec, mais perdit par une faible marge.

Jesse Joseph, frère d'Abraham, fut l'un des organisateurs de la société «Montreal Gas Company» et pendant près de vingt ans, son président. Lorsqu'il était président de la «Montreal Street Railway», il fonda la première société canadienne de télégraphe et fut lui aussi directeur de la Banque Nationale. Étant donné certains liens étroits établis avec la Belgique, il fut nommé Premier Consul belge du Canada à titre honorifique et reçu Chevalier de l'Ordre de Léopold. La résidence de Jesse Joseph fut un endroit fort prisé par la société mondaine victorienne de l'époque.

Jacob Henry Joseph, un autre frère, travailla à la promotion du chemin de fer St-Laurent - Champlain, la première ligne ferroviaire au Canada, qui ouvrit en 1836. De plus, il fit partie du groupe qui mit sur pied la première société de télégraphe canadienne et entreprit la construction de la première ligne télégraphique entre les États-Unis et le Canada. Il possédait aussi des actions dans la «Newfoundland Telegraph Company», dernier chaînon du câble transatlantique, et dans la Banque de l'Amérique du Nord britannique et la Banque Union. Pendant de nombreuses années, il dirigea la « Montreal Elevator Company » tout en assurant la vice-présidence de la Chambre de commerce de Montréal. Grâce à ses efforts, les postes de gardien et inspecteur portuaires furent créés. En 1837, il servit sous Chambly et Richelieu; on lui confia alors la tâche d'envoyer la nuit les communiqués entre le général Wetherall et Sir John Colborne, commandant de la garnison britannique au Canada.

Quant à Gershom Joseph, il devint le premier avocat juif nommé par le Conseil de la Reine.

Samuel Benjamin fut le premier Israélite élu au Conseil de ville de Montréal. Ses frères et lui furent des membres actifs au sein de la communauté.

M. Zigmund Fineberg, parnas de la congrégation pendant un certain moment, fonda l'Association de prêts libres de Montréal qu'il dirigea tout en s'impliquant dans d'autres organismes communautaires.

En 1848, les membres de la synagogue portugaise créèrent la Société philanthropique hébraïque, seul organisme de bienfaisance de l'époque à se préoccuper des besoins de la communauté.

Un terrain situé rue Chenneville fut acheté en 1832 dans le but d'y construire une nouvelle synagogue. L'édifice de fines pierres grises fut érigé en 1835 juste au nord de la rue La Gauchetière. La revue L'Occident écrivit en 1848 : «Cet édifice fut subventionné grâce à des dons privés, principalement par des personnes de foi juive. Mme Francis Michaels (née David) fit don de la plus grosse somme, soit 575£. C'est l'unique synagogue de l'Amérique du Nord britannique.»

L'architecte de la synagogue, Moses Judah Hays, fils de Andrew Hays et Abigail David, Montréalais de marque et président de la synagogue, mit sur pied la première usine de distribution d'eau à Montréal, construisit un hôtel et un théâtre et fut le commissaire en chef de la police pendant plusieurs années. Il présida la Société philanthropique hébraïque aux côtés du secrétaire Abraham de Sola. Benjamin Hart et Moses Judah Hays furent assermentés juges pour la ville de Montréal en 1837; leurs certificats furent signés par le reine Victoria elle-même.

M. David Piza, le nouvel hazan, et M. Aaron, shohet-shamash, arrivèrent de Londres en 1839 et restèrent à la synagogue jusqu'en 1846. Le révérend Piza fut un homme très populaire et organisa une chorale féminine qui s'asseyait au balcon. Jusqu'en 1844, les sermons se donnaient en portugais, mais il suggéra qu'il était préférable d'en dire deux en anglais pour la période de la Pâque.

M.David Piza: 1839 - 1846

En 1846, une autre congrégation d'origines allemande et polonaise tenta de se constituer, mais elle n'y réussit qu'autour des années 1850. Les premiers membres vinrent de la synagogue portugaise, car ceux-ci n'étaient pas familiers avec le minhag sépharade. Les administrateurs de Shearith Israël offrirent à la nouvelle congrégation «Sha'ar Hashomayim» sa première Torah sefer. Cette nouvelle congrégation devint vite et demeure l'une des synagogues les plus importantes de Montréal.

Lors du retour en Angleterre de David Piza en 1846, on choisit pour hazan Abraham de Sola, âgé de vingt et un ans, fils du renommé révérend David Aaron de Sola de Londres et petit-fils d'Hahan Raphaël Meldola. Cela prit un long voyage de quarante-trois jours pour que le jeune hazan arrive à Montréal. Il eut tôt fait d'acquérir une excellente réputation pour ses talents d'orateur dynamique au sein de la communauté juive et de la population montréalaise en général. Il portait un grand intérêt à l'éducation, et l'université McGill le nomma conférencier puis professeur de langues sémitiques et orientales et finalement, conférencier en littérature espagnole. Il reçut un doctorat honorifique en droit et devint ainsi le premier Israélite du continent et de la mère patrie à recevoir un tel honneur.

La plus grande reconnaissance des qualités du Dr Abraham de Sola fut sans aucun doute démontrée par le président des États-Unis, Ulysses S. Grant en 1872. Dans le but d'alléger les tensions ressenties entre son pays et la Grande-Bretagne pendant la guerre civile américaine, le

Dr.Abraham de Sola: 1846 - 1882

président américain invita le Dr de Sola à dire la prière d'ouverture, tête couverte, devant la Chambres des Représentants. Aucun membre du clergé canadien n'a depuis lors reçu tel honneur. La congrégation offrit au Dr de Sola un manuscrit illustré à son retour de Washington.

Auparavant, en 1854, le Dr de Sola collabora avec le révérend Jacques J. Lyons du Shearith Israël de New York à la compilation d'un calendrier juif s'échelonnant sur cinquante ans. Il révisa et publia une nouvelle édition des prières sépharades en 1878. De plus, il écrivit de nombreux ouvrages religieux, scientifiques et historiques. Il fut également président de la Société d'histoire naturelle.

Le Dr Abraham de Sola mourut à New York en 1882 alors qu'il rendait visite à sa soeur. Sa dépouille fut transportée à Montréal et enterrée au cimetière du Mont-Royal.

À cause de la proximité du fleuve, la petite commune montréalaise fut souvent inondée. La plus grave inondation qu'elle connut fut sans doute celle de 1861. Un embâcle se produisit le 14 avril et, en moins d'une heure, le niveau d'eau monta jusqu'à la rue St-Jacques, juste au bas de la colline où était située la synagogue de la rue Chenneville. On dut fixer comme des radeaux les trottoirs en bois aux escaliers des maisons. La dernière inondation eut lieu en 1887.

Meldola de Sola, l'ainé des fils d'Abraham de Sola et d'Esther Joseph, remplaça son père en tant que hazan de la congrégation. Il devint ainsi le premier hazan né au Canada. De plus, il possédait des talents de musicien et composa plusieurs mélodies que l'on peut encore entendre de nos jours à la synagogue. Lui aussi prit part aux nombreuses activités de la communauté et fut un excellent orateur. Il mourut en 1919, année qui marqua soixante-douze ans de présidence pour le père et le fils.

Meldola de Sola:
1882 - 1918

L'EDIFICE DE LA RUE STANLEY
1882 À 1928

En 1890, une assemblée générale extraordinaire de la congrégation voulut apporter des modifications aux statuts de la synagogue. Entre autres, on décida de préciser le nom de la corporation : de «The Corporation of Portuguese Jews» à «The Corporation of Spanish and Portugueses Jews, Shearith Israel). MM. Lewis Hart et Gershom Joseph déposèrent la demande à l'Assemblée législative québécoise qui l'accepta le 20 avril 1891. Comme la synagogue fut fondée lors du régime britannique et bien avant la Confédération, les statuts de la synagogue ne peuvent être modifiés que par le parlement de Québec.1

La congrégation continua de croître et, en 1892, elle déménagea dans un nouvel édifice de style judéo-égyptien situé rue Stanley au nord de la rue Ste-Catherine. L'architecte du bâtiment fut Clarence I. de Sola, un autre fils d'Abraham de Sola, qui exerça aussi les fonctions de trésorier, de parnas et de président de la synagogue. Poussé par son intérêt pour l'histoire, il écrivit plusieurs articles à ce sujet.

Rue Stanley: troisième édifice de la congrégation.

Clarence de Sola fit partie du comité qui créa la Fédération des philantropes juifs de Montréal. De plus, le 29 mai 1917, il participa à la conférence donnée par le très honorable Arthur J. Balfour, secrétaire d'État britannique au ministère des Affaires extérieures. Le discours qu'il y prononça influença grandement la célèbre Déclaration Balfour qui annoncerait que la

Grande-Bretagne appuyait le désir des Israélites de reprendre la Palestine pour y former un État. Par la suite, M. de Sola devint un administrateur de la Société sioniste canadienne et y fut président de 1903 jusqu'à sa mort en 1920.

M. de Sola était un homme d'affaires et investit dans plusieurs sociétés d'exploitation et de construction de bateaux à vapeur. En tant que directeur et gérant du Comptoir belgo-canadien, il succéda à son oncle, Jesse Joseph, dans ses fonctions de Premier Consul belge. De plus, il fut décoré par le roi Albert de Belgique.

Issac de la Penha: 1908 - 1935

À cette époque, le révérend Isaac de la Penha assistait M. de Sola dans ses fonctions à la synagogue. Il arriva de New York où il avait été l'assistant du révérend Dr Henry Pereira Mendes. Auparavant, à Amsterdam, il fut un tailleur de diamants très doué. Un de ses ancêtres, Joseph de la Penha, avait reçu le territoire du Labrador en guise de récompense pour avoir sauvé la vie du roi William III des Pays-Bas. Malheureusement, lorsque le Labrador fut annexé à Terre-Neuve en 1927, le gouvernement britannique ne prit pas en considération le cadeau du roi William, déclarant que le droit à la propriété était tombé en désuétude. Lorsque le rabbin Charles Bender fut nommé à la synagogue, le révérend de la Penha continua de lui apporter son aide.

À la mort du révérend de Sola en 1920, le rabbin Dr Raphaël Melamud fut nommé; il s'occupa de l'École du dimanche et encouragea les femmes à monter une association qui sera décrite plus tard dans ce document.

Trois ans plus tard, le rabbin Dr Joseph Corcos du Maroc fut nommé à la synagogue; il participa activement aux événements de la communauté, mais pour des raisons de santé, dut prendre sa retraite en 1925.

1928 à 1960
CHANGEMENTS ET TENSIONS

Au commencement de la Crise de 1929, la congrégation éprouva de sérieuses difficultés pécuniaires, et les membres s'éloignèrent peu à peu du quartier commercial du centre-ville, ce qui ne fit qu'aggraver la situation économique. Depuis le début des années 1920, le capitaine William Sebag-Montefiore dirigeait de mains fermes la congrégation. Il tenta par tous les moyens de la soutenir et de maintenir son rôle prépondérant dans la communauté. Deux hommes vinrent le seconder un peu plus tard: Philip Hart, secrétaire, et Martin Wolff, trésorier.

À cette même époque, en 1926, Shearith Israël prit un pas peu usité pour une congrégation orthodoxe en nommant deux femmes au conseil d'administration :

Dr. Joseph Corcos: 1922 - 1925

Mlle Reba Goltman et Mme Martin Wolff, née Irène Joseph.

On ne peut continuer l'historique de la synagogue sans mentionner M. Isaac Kirschberg qui, comme son père, fut un membre très actif au sein de la congrégation et offrit son aide durant les offices et ce, jusqu'à sa mort en 1957. De plus, il s'occupa de la chorale dont certains membres de sa propre famille faisaient aussi partie. La chorale

Charles Bender: 1928 - 1940

avait toujours été un élément important de la
congréation et, la plupart du temps, les membres
chantaient bénévolement.

Lorsque le Rabbin Bender se joignit à la
synagogue en 1928, il fit aussi partie de la chorale
grâce à sa voix douce et mélodieuse. Ses sermons
amenaient à la réflexion et renforcèrent ainsi les
liens de la congrégation. Il dirigea l'École du
dimanche et, en 1931, entreprit la publication
d'un bulletin polycopié (au stencil) d'une page
dans le but d'informer les membres des événements qui avaient lieu. Au fil des ans, ce bulletin
se développa en un feuillet que la congrégation
envoie maintenant à ses membres cinq fois
par année.

De plus, Rabbi Bender s'affaira dans
divers organismes bénéfiques pour toute la population montréalaise. Il organisa des offices spéciaux pour accueillir à la synagogue espagnole et
portugaise les Forces armées, les Scouts et les
Guides, les Francs-maçons, etc. Comme il ne reçut
aucun salaire pendant trois ans, il dut quitter et

ce, à contrecoeur, la congrégation afin de subvenir
aux besoins de sa famille. Il lui offrait toutefois
ses services si le besoin s'en faisait ressentir.

En 1938, M. Joseph Pesach de Turquie fut
nommé shamash. Il connaissait bien les services et
offrit son aide lorsque nécessaire. Ce fut le Rabbin
Dr Solomon Frank qui l'aida à se familiariser avec
le minhag sépharade. M. Pesach demeura shamash
jusque dans les années 1970.

Pendant la Deuxième Guerre mondiale,
de nombreuses personnes qui avaient fui l'oppres-
sion en Europe dirigèrent les services religieux.

La Crise de 1929, la guerre et le départ
des membres du quartier commercial de la part
des membres eurent des conséquences dévastatri-
ces pour la congrégation : il restait moins de cent
congrégationnistes et, en 1946, on dut vendre le
bâtiment de la rue Stanley au collège Sir George
Williams. L'édifice fut démoli quelques années
plus tard.

La synagogue Sha'ar Hashomayim permit
à la congrégation d'utiliser sa petite chapelle. Ce
fut le révérend A. da Sousa Pimontel d'Angleterre
qui assura les services religieux jusqu'à l'inaugu-
ration, en 1947, du nouvel établissement situé
à l'intersection de la rue Lemieux et du chemin St-
Kevin.

L'avenir de toute communauté juive
dépend de l'éducation que reçoivent ses jeunes.
Pour cette raison, le premier projet mis sur pied
par la nouvelle communauté de St-Kevin fut la
construction de salles de classe et d'une chapelle.
On dédia la chapelle à la mémoire d'Horace Joseph
pour ses années de dévotion et pour le généreux
héritage qu'il laissa à la congrégation.

L'arche en acajou poli qui avait orné les
synagogues des rues Chenneville et Stanley fut
aussi transportée dans la nouvelle chapelle.

Le 13 septembre 1947, les congrégationnistes chantèrent joyeusement shehecheyanu au

premier office malgré le fait que la construction n'était pas encore terminée. Deux jours plus tard, lors de Rosh Hashana, il n'y avait toujours pas de chauffage. La synagogue continua de fonctionner ainsi jusqu'à ce que le sanctuaire principal Mashaal fût ajouté.

Le 19 juin 1960, le président Morris Markowitz posa la pierre angulaire du sanctuaire principal au cours d'une cérémonie. Les articles commémoratifs des pierres angulaires des synagogues de Chenneville et de Stanley furent transférés, y compris l'urne en verre âgée de 125 ans. On y ajouta le livret célébrant le 150e anniversaire mis dans une seconde urne, des feuillets offerts par les congrégations-soeurs de Londres et de New York, une série de timbres commémoratifs canadiens, une quinzaine de pièces de monnaie et d'autres articles d'intérêt du jour.

Le capitaine William Sebag-Montefiore demeura président pendant toute cette période d'abord éprouvante, puis prometteuse : de la triste vente du bâtiment de la rue Stanley à la construction du nouvel édifice offrant la possibilité d'attirer de nouveaux membres. En son honneur, on nomma le premier auditorium du bâtiment «la salle Montefiore».

LES MEMBRES DE MARQUE

La congrégation de Shearith Israël a toujours été fière des ses membres qui ont su obtenir la reconnaissance de la part de la population en général. Certaines personnes ont déjà été nommées, mais d'autres méritent aussi une mention spéciale.

Le conseiller Louis Rubenstein fut membre de la synagogue toute sa vie. En 1890, il remporta le Championnat mondial de patinage artistique amateur. Il fut président de l'Association des gymnastes amateurs de Montréal ainsi que président et gouverneur de la filiale provinciale de la société d'épargne «Royal Life». De 1907 à 1909, il

fut également président de la Fédération internationale de patinage artistique. En 1914, il fut élu au Conseil de ville de Montréal et réélu plusieurs fois.

A. L. Kaplansky fonda la première société d'imprimerie au Canada, mais il prit sa retraite en 1907 afin de faire son droit. Il fut trésorier de la synagogue espagnole et portugaise pendant près de dix ans, puis parnas durant une quinzaine d'années.

Cecil Hart s'impliqua dans le hockey, sport encore jeune à l'époque. Il fut le gérant des Maroons (l'ancêtre des Canadiens). Cette équipe remporta la coupe Stanley de 1926 à 1932. Le père de Cecil Hart, le Dr David Hart offrit le trophée Hart à la Ligue nationale de hockey qui le décerne depuis lors au joueur de la ligue le plus utile à son équipe.

Mme Pauline Donalda, née Lightstone était une chanteuse d'opéra de renommée internationale. Son père, M. Michael Lightstone fut membre de la congrégation pendant de longues années. Lorsqu'elle prit sa retraite, Mme Donalda revint à Montréal et y fonda la Guilde de l'opéra de Montréal.

Le Dr Ethel Stark, Ordre du Canada et violoniste très douée, également membre de la synagogue, fonda l'Orchestre symphonique féminin de Montréal qu'elle dirigea.

Le Congrès juif canadien, l'organisme protecteur de la communauté juive canadienne, occupe une fonction importante dans les affaires de la communauté et travaille aux différents paliers gouvernementaux. M. Saul Hayes, conseiller de la Reine et petit-fils de A. L. Kaplansky, fut directeur et vice-président exécutif pendant un bon nombre d'années. Il tenta, mais sans succès, de convaincre le gouvernement fédéral de permettre aux réfugiés provenant des territoires occupés par les Nazis d'entrer au pays. Il ne réussit pas à briser l'antisémitisme du Premier ministre Mackenzie King et du sous-ministre de l'Immigration Frédérick Charles Blair. M. Hayes aida les Juifs confinés à des camps pendant la Deuxième Guerre mondiale.

M. Alan Rose, Ordre du Canada, également membre de la synagogue, remplaça M. Hayes dans ses fonctions de vice-président exécutif au Congrès de 1977 à 1994. Au cours de ses nombreuses années de service communautaires, il a contribué à la merveilleuse entreprise de libération des Juifs soviétiques et à l'alyah des Juifs éthiopiens.

LE SERVICE MILITAIRE

La population juive a toujours démontré sa loyauté au pays en temps de guerre. Les noms des premiers colons juifs se trouvent dans les archives militaires de la première colonie britannique venue s'établir au Canada. Aaron Hart occupa toujours le poste d'officier d'intendance pour l'armée à son arrivée. Son fils Ézékiel fut promu colonel et Benjamin s'enrôla dans l'armée et la finança. Certains membres de la famille David servaient dans la milice qu'ils finançaient également. Grâce à sa bravoure, Éléazar David devint commandant. Le Dr Aaron Hart David s'y engagea comme médecin, et trois de ses fils s'enrôlèrent. Les trois frères Joseph aussi prirent part dans la milice.

Durant la guerre des Boers (1899-1901), Martin Wolff fut ingénieur dans l'armée britannique.

Le capitaine Albert Freedman, membre du conseil administratif de la synagogue et époux de Mabel Hart, se fit remarquer pour sa bravoure pendant la Première Guerre. Le capitaine Herbert Hyman Lightstone, frère de Mme Donalda, reçut la Croix militaire et l'Ordre de distinction pour services rendus, et son nom figurait dans plusieurs communiqués.

Président pendant vingt-sept années, le capitaine William Sebag-Montefiore, était chef d'escadron de la cavalerie aux côtés de Lord Allenby lorsque les Forces armées britanniques envahirent la Palestine. Il captura lui-même sept officiers allemands, fut mentionné à maintes reprises dans les communiqués de 1916-1917 et reçut la Croix militaire pour ses services.

Albert Michalson fut soldat en France et dans la Campagne de l'Afrique de l'Est. Hugh Joseph, petit-fils d'Abraham Joseph, servit en France en 1918. D'autres encore servirent avec les Forces armées d'outremer. De jeunes Juives s'engagèrent comme infirmières : Rosetta Joseph travailla dans les hopitaux militaires en Angleterre.

Lors de la guerre civile espagnole, le fils de Michael Michaels et Muriel Hart, John Michaels, s'est battu courageusement. De plus, il servit en Palestine où il fut tué.

Les membres de la synagogue continuèrent de démontrer leur loyauté à la Couronne et au pays en servant dans les Forces armées durant la Deuxième Guerre mondiale. Robert Sebag-Montefiore, David Spielman et Maitland Léo allèrent se battre en Europe. Henry Blaustein et Herbert Goldenstein joignirent les Forces de l'Air. Alan Rose servit dans les Forces armées britanniques et fut l'un des libérateurs du camp de concentration allemand Bergen-Belsen. Le lieutenant-major Lionel Kauffman dirigea bravement ses troupes dans la Campagne africaine et reçut tous les honneurs.

D'autres civiles firent aussi leur part : Daphne Sebag-Montefiore travailla comme chauffeur à la Croix rouge et Nancy Erdrich, née Sebag-Montefiore , fut infirmière pour la Croix rouge en Europe.

L'EDUCATION

L'instruction morale et religieuse des jeunes a toujours tenu une place importante dans l'histoire. Au Canada, nos ancêtres ont également ressenti le besoin d'éduquer les enfants selon les traditions judaïques.

En 1837, la congrégation portugaise de Montréal engagea un professeur d'hébreu qui enseigna la religion et d'autres matières tant pour les adultes que les jeunes.

Peu après son arrivée en 1847, Abraham de Sola organisa l'École du dimanche. M. de Sola assura l'éducation de 21 élèves. Ce fut donc la première école de confession juive au pays.

Dans la revue L'Occident de mai 1850, on pouvait lire ceci : «L'examen annuel de notre École du dimanche eut lieu dans le petit édifice scolaire le dimanche suivant Purim. Les trente étudiants étaient présents et s'acquittèrent brillamment de leur tâche. Les jeunes enseignantes ainsi que notre très respecté hazan, le révérend de Sola, ont travaillé avec amour, ne négligeant pas temps et efforts pour obtenir ce bon résultat. Cela prouve que les fruits du labeur en valent vraiment la peine. Étaient présents non seulement les parents des élèves, mais aussi les Israélites qui demeurent dans la ville. Ceux-ci furent si heureux des résultats obtenus par les élèves qu'ils remercièrent les professeurs Mlles Rebekah Joseph, Dora Hart, Emma Solomons et M. de Sola et firent des dons dans le but d'acheter des prix pour les élèves les plus méritants.»

Le révérend de Sola proposa d'offrir gratuitement ses services si une école hébraïque gratuite était ouverte. En octobre 1874, la congrégation prit la résolution d'ouvrir une école selon les principes orthodoxes. On dispenserait l'enseignement de l'hébreu selon le minhagim des synagogues portugaise et allemande, de la religion de même que toutes les matières offertes par le système du primaire anglais. L'école sertait gratuite et ouverte à tous les enfants juifs, indépendamment de la congrégation dont ils faisaient partie.

Le Dr de Sola demanda à la Commission des écoles protestantes de lui louer des locaux et de lui fournir gratuitement les services d'une enseignante qui dispenserait les matières anglaises. Mlle S. Miller fut choisie et demeura pendant cinq ans à l'école. David Lévy vint de New York et enseigna les matières religieuses.

La première école juive ouvrit ses portes le 11 janvier 1875. Quatorze élèves s'inscrivirent bien qu'il n'y eût que dix pupitres. Elle fonctionnait tous les jours sauf le samedi et les congés. L'été, elle fermait pendant six semaines en raison de la chaleur intense.

L'École du dimanche continua sans diminution des effectifs. De plus, on donnait des cours d'hébreu d'une heure les mardis et jeudis après-midi.

En 1876, M. Jacoby d'Angleterre succéda à M. Lévy pour un salaire annuel de 400$ et une chambre dans la petite école. On installa une conduite d'eau pour mieux aménager sa pièce.

En 1879, alors que le budget devenait de plus en plus serré, on fut obligé de demander des dons à ceux qui bénéficiaient sans frais des services de l'école. Les punitions corporelles n'étaient pas permises, et on mentionna à une occasion que M. Jacoby, l'enseignant, avait dû payer 4$ aux parents d'un élève et fut averti que la congrégation ne tolérerait plus de telles actions.

Suite au manque d'argent, les congrégationnistes durent reprendre en 1882 l'enseignement de l'École du dimanche sous la direction de M. Clarence de Sola.

À la mort de son père, le révérend Meldola de Sola prit en charge l'enseignement de l'hébreu. Lorsque la synagogue déménagea rue Stanley en 1890,

LES ORGANISATIONS
DE LA SYNAGOGUE

l'école fut aussi transférée. La Commission des écoles catholiques fit don d'un système de chauffage à eau chaude pour assurer le confort des cinquante-quatre élèves inscrits. Le révérend donnait deux heures d'instruction hébraïque par jour et fut nommé surintendant pour un salaire annuel de 600$.

En raison de difficultés financières, l'école dut fermer ses portes en 1895. Toutefois, le révérend de Sola fut nommé professeur d'hébreu à l'école Dufferin par la Commission des écoles protestantes. Cette école comptait plus de la moitié des 600 élèves juifs du système.

L'École du dimanche continua sans interruption. En 1918, il y avait 106 étudiants inscrits. À partir de 1947, les enseignants recevaient 2,50$ l'heure. Cette date marque cependant la fin d'une belle époque : la fermeture de la synagogue rue Stanley et de l'École du dimanche.

Toutefois, lors du déménagement rue Lemieux, le désir d'accroître l'éducation des enfants juifs du quartier permit l'ouverture de la première école juive de l'ouest de Montréal. Toutes les classes de la garderie, de la maternelle, de la première année, de l'après-midi et de l'École du dimanche étaient sous la responsabilité de M. Lionel Kauffman. Tous les ans, on ajoutait une année pour suivre les élèves.

À partir de 1952, le Talmud Torah prit l'école en charge étant donné les difficultés financières qui s'aggravèrent. En 1954, on ferma une fois pour toute l'École du dimanche qui fut prise sous l'égide du Talmud Torah en 1955. On a offert, à différents moments, des cours d'hébreu, d'histoire judaïque, du Talmud, du Livre des prières et d'autres sujets reliés au judaïsme.

D'après le Shema, on doit enseigner aux enfants de façon assidue. Pour ce faire, nous recherchons le savoir pour nos enfants et nous-

Dr Raphael H. Melamed:
1918 - 1922

mêmes en faisant preuve de bonne volonté : l'esprit et le coeur ouverts.

LE CERCLE DES FEMMES

En 1918, le révérend Dr Melamud de Philadelphie devint hazan de la congrégation espagnole et portugaise et envisagea la création d'une association féminine pour la synagogue.

Jusqu'à cette date, les femmes se rencontraient régulièrement pour confectionner des sous-vêtements pour les Israélites pauvres de la ville ou les déshérités d'outremer. Sous la direction de Mme Meldola de Sola, elles éprouvaient le désir profond de venir en aide aux plus démunis de la communauté.

La première présidente de la nouvelle association fut Mme Clarence I. de Sola qui dirigea vingt-huit membres dans le but de promouvoir les idéaux véhiculés par la synagogue : «les buts seront la culture de l'interaction sociale, l'avancement des intérêts de la congrégation, la

41

poursuite de l'étude et des pratiques judaïques et tout autre objectif religieux ou philanthropique que l'organisme juge valable de poursuivre.»

Les membres continuèrent de confectionner les vêtements pour les pauvres, mais elles organisèrent des activités plus pertinentes pour la synagogue. Elles recousèrent ou remplacèrent la housse de la Torah. De plus, elles comblèrent un vide dans la famille de la synagogue tel que la relève de l'enseignement lorsqu'aucun enseignant volontaire n'était pas disponible pour l'instruction religieuse. Quand on ressentit le besoin de trouver des enseignants rémunérés, elle montèrent sur pied une campagne de levée de fonds pour amasser les sommes nécessaires. Aussi, elles s'occupaient de divertir les élèves de l'École du dimanche lors de Purim, de Hanukkah ou de toute autre occasion spéciale.

Chaque année, on attendait avec impatience la décoration de la Succah.

Les membres servaient des repas à l'Institut Baron de Hirsch, cousaient des vêtements pour l'Orphelinat hébraïque et le service de l'Aide sociale de l'Hôpital Général juif. Plusieurs visitaient la maison de retraite et le sanatorium de Ste-Agathe. On faisait aussi des campagnes de levée de fonds pour des organismes qui donnaient un coup de main à la cause de la Palestine.

Dès le début, le programme des réunions des membres était varié et satisfaisant. On organisa même des cours d'hébreu.

Les campagnes de levée de fonds devinrent une fonction très importante de l'association féminine. Comme la synagogue connaissaient des périodes de difficultés économiques, les sommes amassées par l'association aidèrent la congrégation à continuer de fonctionner. Au fil des ans, les moyens d'amasser de l'argent furent assez variés. Le dîner annuel des donneurs commença en 1936 et fut un succès financier et social. À cette époque,

le prix de l'admission était fixé à 0,50$. En 1938, l'association commandita un concert donné par Lauritz Melchior, chanteur d'opéra de renom international au théâtre de Sa Majesté. Peu à peu, on acheta des costumes pour la chorale, des ustensiles de cuisine, un orgue Baldwin pour la synagogue, des chaises pliantes pour la salle de réunion et plusieurs autres articles utiles. Pour ce faire, des loteries et tirages, des ventes de charité, des thés imaginaires annuels et des ventes de gâteaux dans les maisons privées furent organisés.

Dès 1941, l'association payait le vin et les rafraîchissements servis lors du nouveau kiddushim ayant lieu chaque samedi après l'office.

La synagogue était située rue Stanley lorsque l'association fut constituée. Toutefois, en 1947, les femmes s'impliquèrent grandement lors du déménagement à l'emplacement actuel. En 1946, elles publièrent un livre de souvenirs de la synagogue de la rue Stanley dont les recettes furent versées au budget du nouvel édifice.

Dès lors, l'association féminine commença à inscrire toutes les occasions, tristes ou joyeuses, pour les recueillir dans un livre qui fut plus tard remplacé par le Sefer Hakavod. Pour ce faire, on doit envoyer un don accompagné d'une carte appropriée soulignant l'événement.

On commença aussi à offrir des cartes de membre à vie. Tous les événements organisés par l'association contribuèrent aussi à la constitution d'un Fonds de dotation qui totalise actuellement 100 000$. Les intérêts qui s'y accumulent permettent à la synagogue de remplir nombre de ses besoins.

L'association avait 28 membres à ses débuts. De nos jours, on en compte 288. L'enthousiasme n'a jamais diminué bien qu'il y eût des périodes de leadership difficiles.

Les réunions du Cercle s'orientaient autour de plusieurs sujets d'intérêt israélite ou général. Des groupes d'études ont attiré beaucoup de membres désireux d'approfondir leurs connaissances de l'héritage judaïque. D'autres membres s'intéressaient aux questions féminines ou aux interrelations. Des visites à l'extérieur de la synagogue ont permis aux femmes de voir la réalité qui les entoure. Les défilés de mode et les cours de cuisines sont également très populaires. Pendant un certain temps, on offrit même des cours de conversation française.

Les fêtes organisées pour Hanukkah, Purim et Succoth ont toutes été subventionnées par le Cercle des femmes.

Par ailleurs, d'autres membres se sont jointes à l'association lors de l'arrivée de familles venant du Moyen Orient, de l'Iraq, du Liban, du Maroc, de l'Algérie et de l'Égypte. Ces femmes ont donc ajouté une dimension nouvelle et permettent à la congrégation de grandir de façon vibrante et valable.

L'ASSEMBLÉE DES JEUNES

Vers les années 1920, les jeunes de la synagogue (située à l'époque rue Stanley) constituèrent un groupe dans le but de favoriser les contacts sociaux. Parmi les membres, on retrouvait Miriam Regenstreif, née Issenman, Jennie Erdrich, Doretta Stark, Réginald Hart, Jesse Ginsberg et Arnold Fineberg.

Des danses avaient lieu régulièrement, et même des promenades en bateau furent organisées. On attendait toujours avec impatience la danse annuelle.

Ce groupe cessa presque toutes ses activités lors de la Deuxième Guerre mondiale. Dès 1945, on organisa de nouveau des réunions bi-mensuelles, et le Gala de danse était l'événement le plus attendu de la saison. On offrait également aux jeunes la possibilité d'assister à des petits concerts dans des résidences privées ou à des conférences sur divers sujets d'intérêt.

Cette association finit par disparaître, mais non sans avoir permis la rencontre de deux ou trois couples formés lors des événements qu' avait organisé l'Assemblée des jeunes.

LA FRATERNITÉ OU LE «MEN'S CLUB»

Depuis la fondation de la synagogue, les hommes se sont toujours rassemblés pour participer à des activités spéciales. Une sorte de fraternité plus officielle s'est donc constituée dès le début du siècle. Cependant, on s'aperçoit, dans les registres des procès-verbaux de la synagogue, que la présence des membres aux réunions décroissait vers 1922. Depuis ce temps, les membres ont toutefois organisé des petits-déjeuners tous les dimanches. Dans les années 1950 et 1960, Joseph Handman et Louis Shore furent très actifs dans l'organisation des événements de cette activité. Or, depuis le début des années 1970, cette association a cessé presque toutes ses activités.

CONCLUSION

La tradition des Sefardim a été maintenue au cours de plus de deux siècles d'existence de la congrégation. À partir des années 1930, aux offices demeurés jusque-là stables s'ajoutèrent différentes prières afin de satisfaire les divers groupes qui se joignirent à la synagogue .

À cette époque, la synagogue située rue Stanley accueillaient les Ashkenazes qui travaillaient dans le quartier. Comme ceux-ci voulaient participaient à la célébration du yizcor , la congrégation introduisit la prière yizcor.

Lors du déménagement de la congrégation dans le quartier Snowdon, d'autres membres ashkenazes arrivèrent, mais seules de légères modificaitions furent faites. Cependant, avec l'arrivée de nombreux Sefardim de l'Afrique du Nord, plusieurs ajustements furent apportés aux services religieux.

Au moment de la célébration du 225e anniversaire de la synagogue espagnole et portugaise de Montréal, nous pouvons nous rappeler avec fierté les réalisations et contributions de notre communauté dans la vie religieuse et séculière.

25 MORE YEARS OF COMMUNITY LIFE

by Rabbi Howard Joseph

Rabbi Howard Joseph

When I was interviewed for the position of rabbi, the representatives of the Congregation with whom I met expressed their hopes for the future in great detail. I commented that it seemed miracles were expected. The late Mr. A.J. Rosenstein Q.C. then explained that my task would not be to create miracles, but, as a rabbi, to explain them.

Twenty-three years later we indeed can say that the progress of the Congregation has been wondrous - if not miraculous. During that time, we have grown from a small Congregation of about 330 families to one of over 700 families at present. Thus, the historic Spanish and Portuguese Congregation of Montreal now has achieved its largest membership in its 225 years of existence.

I have been privileged to preside over the Congregation as Rabbi since 1970, two years after the Congregation celebrated its 200th anniversary celebration in 1968. As I survey this period which also represents a significant period of my life, we see a portrait of a Congregation that has become, by all reports, the most dynamic Sephardi Congregation in the world. It is a wonderful portrait of many men and women from numerous backgrounds working together to reinvigorate a Congregation and build a community of communities in the lovely city of Montreal. That too is part of the miracle. Whatever role I may have played in this story I leave to others to judge. I now take up Mr.Rosenstein's charge and shall try to explain the miracle.

1968 – OUR 200th ANNIVERSARY

I was not present. However, when I arrived almost two years after the celebration of the Congregation's 200th anniversary in 1968 the event was still generating much talk and enthusiasm. It was a happy moment carried on with the traditional dignity and decorum that is the hallmark of the Congregation. The Governor-General of Canada, the Hon. Roland Michener, and his wife, the Haham, Chief Sephardi Rabbi of the British Commonwealth, Dr. Solomon Gaon, and Mrs. Gaon, were in attendance. Descendants of some of the founding families were present. Officers, Trustees and active members of the Congregation all joined in the celebration.

In retrospect, this event was not only a culmination of 200 years of service to the community as the first Jewish Congregation in Montreal, Quebec and Canada. There were already hints as to the new directions of the future. My distinguished predecessor, the late Rabbi Dr. Solomon Frank, a veritable Montreal legend, was still the Rabbi and would not retire for another two years. However, a new Hazzan had recently been engaged - Salomon Amzallag, a noted Moroccan singer. His engagement reflected the growing presence in the Congregation of many North African Jews who were coming to Montreal.

Also in attendance were members of the Iraqi community who had recently brought their association, the Community of Sephardi Jews, into the Congregation. Their spiritual leader was Rabbi Abdullah Hillel, son of the former Chief Rabbi Of Baghdad, Rabbi Abraham Hillel. Many families from this ancient community, heirs of the great Babylonian Jewish tradition, had entered the Congregation. As of today there are almost 300 Iraqi families who are part of the membership and play a leading role managing Congregational life.

Over the years, these groups were augmented by smaller numbers from numerous other Mediterranean Sephardi communities: Egypt, Turkey, Greece, Yugoslavia, Bulgaria, Algeria and Tunisia. In the mid-1970's, the next substantial group began to arrive: the Lebanese Jews of Beirut, fleeing their beautiful city as Lebanon entered a destructive period of civil war.

The story of our past twenty-five years is thus the story of the evolution of our Congregation into a mosaic of communities which integrated into our overall Congregational life. Our Congregation today has come to reflect the wide diversity of world Jewry.

When I arrived in 1970, over eighty percent of the members were of Ashkenazi Canadian background. Today, a significant number of Ashkenazi families remain among us; their absolute numbers have only slightly diminished. However, the majority has shifted to reflect the newly arrived Sephardi communities who left their distressed homelands to find a haven among us.

During my tenure of leadership of the Congregation, one of my personal goals has been to welcome all these groups and to encourage them to feel at home. At the same time I have urged them to preserve their own traditions and share them with the community as much as possible, thereby maintaining the self-respect and integrity of all of our constituent groups while enriching the lives of all. It has also eased the adjustment of those recently arrived. In many ways, therefore, the Congregation is a truly Canadian phenomenon, committed to pluralist multiculturalism, while building a common present and future.

Before moving on, two factors must be acknowledged: the tenure of Rabbi Frank and the members of Ashkenazi background who helped preserve the Congregation during a critical phase of history.

Rabbi Solomon Frank (1900-1982) came to the Congregation in 1947 as it moved from its third site on downtown Stanley Street to the Snowdon area of Côte des Neiges. A native of Buffalo, New York who had served twenty-one years in a Winnipeg synagogue, Rabbi Frank had built a respected reputation prior to his arrival in Montreal. During the dark years of World War II, he had helped rebuild Canadian Jewish Congress into an effective agency ready to deal with the myriad issues facing Jewry. One of the remarkable figures in this story was one of our members, Saul Hayes, for many years the chief executive official of Congress.

Rabbi Frank immediately became an energetic and effective personality in the Jewish community. Before an organized and official chaplaincy program existed, Rabbi Frank devotedly visited the hospitals and prisons all around the City bringing words of compassion, cheer and hope to the infirm and imprisoned. Even after his appointment as chaplain to the Jewish General Hospital, he continued visits to other institutions. In the heat of summer or bitter cold of winter, he continued these visits almost until his last days.

Rabbi Frank also became known for his weekly Sunday radio messages and his many public appearances at community events. During his years in Winnipeg, he had earned a Ph.D in philosophy and from time to time wrote scholarly essays for various publications. Both within and without the Jewish community, many considered him to be a dignified representative of Judaism for all.

Upon the death of Rabbi Frank, our Congregation published a book of collected essays in his memory called "Truth and Compassion" (1983; Canadian Corporation for Studies in Religion, Wilfrid Laurier University Press). In the dedicatory preface, I wrote the following comments:
"He combined 'Hesed and Emet,' compassion and concern for his fellow human beings as well as the search for knowledge and truth. In each he excelled. His celebrated pastoral care for the ill, bereaved, imprisoned and distressed made even the mention of his name a source of comfort to others. Equally striking was his

Rabbi Solomon Frank
1947 - 1970

continuous study of the complexity of human affairs from the diverse perspectives of philosophy, history and psychology. He integrated them into a modern appreciation of the life of faith and tradition."

During Rabbi Frank's tenure at the Congregation, members of Ashkenazi origin were the dominant force. Some of these families had been members for generations Others joined when the synagogue moved to its present location, a newly developed area of Montreal which rapidly expanded after the war: the area then had few synagogues and the local residents were attracted to the Congregation. These Ashkenazi members were soon occupying key positions on the Board of Trustees, the Executive, the Sisterhood and Brotherhood. At various

THE NEXT DECADE

points during our Congregation's history, some Ashkenazi customs were introduced: such as the recital of the Yizkor Memorial Service at the end of major festivals, already a practice at our previous Stanley Street synagogue, and 'Unetaneh Tokef', added to the High Holyday Services. The Sephardi prayer books were supplemented by various handouts or pasted inserts containing these Ashkenazi additions. Interestingly, similar phenomena have occurred in other Sephardi synagogues. The eloquent poetry of 'Unetaneh Tokef' and the attitude of filial respect of Yizkor have struck welcome chords in Sephardi communities. In earlier centuries, Sephardi creations by the great poets and thinkers of the past have similarly entered the traditions of Ashkenazi communities.

When I came to Montreal, in addition to our other Sephardi services, our Synagogue maintained a large High Holyday auxiliary service that followed the Ashkenazi ritual as a service to the local residents. However, throughout the 1970's, this local constituency dwindled as old-timers passed on and younger families sought residence in more suburban areas. Eventually this diminishing auxiliary service was discontinued, as our Synagogue needed all our halls for our growing Sephardi services. Local area residents were able to attend services at the numerous Ashkenazi synagogues that now populate our area.

At present we have as members about two hundred families of Ashkenazi background. Most are those who have remained with the Congregation throughout the vast changes of the past quarter century; some are more recent associates. They continue to play an active role in the Congregation.

From 1968 until 1981, the established Ashkenazi leadership continued to dominate Congregational affairs. Max Brandt served as president until his death in 1971, when Leon Brownstein assumed the role. David Luterman followed from 1979 through 1981. During this period more and more Sephardi personalities joined the Board of Trustees and the Executive Committee, reflecting their increasing association with us.

Those years witnessed continued efforts to increase the activity level of the Congregation outside the area of religious ritual. I began a weekly Talmud Fellowship which lasted for twenty years and a Sabbath afternoon Talmud class lasted for some years as well; home study groups were tried for a while; and the Sisterhood arranged some weekly study sessions with me. Rabbi Frank and I conducted numerous Sunday Breakfast Club sessions, usually focusing on current events topics. Sometimes a guest speaker would join us for the occasion.

The Congregation thrived. By 1981 we had about 500-600 members. Most of that growth came from the new Sephardi population in our community, which now was ready to make its presence felt in a significant manner by taking upon itself major responsibility for the future of our Congregation.

THE IRAQI PRESENCE

Iraqi Jews are the heirs of the great Babylonian Jewish community that lasted for over 2500 years. Babylon produced noted leaders, prophets and sages, and some of the most significant written works in our history. Ezra the Scribe returned from Babylon to Jerusalem in the fifth century BCE to help in the rebuilding of that city and the Temple after the first destruction by the Babylonians in 586 BCE. He trained a generation of scribes to write Torah Scrolls and how to interpret them. These scholars were sent to numerous Diaspora communities. Having the same Torah and interpretive tradition that was available in Jerusalem enabled Diaspora communities to maintain strong ties of belief and practice with Jerusalem and all other Jews as well. The weekly Torah reading cycle is attributed to him. More than any other person Ezra made us into a book-oriented people, or what the Arabs later called us, a People of the Book.

Babylonian Jews had a noble tradition of leadership. The Babylonians had taken as captive slaves the king and royal family as well as many aristocrats from Judea. Eventually freed, they formed the leadership class of Babylonian Jewry for centuries. This they claimed by natural inherited right as descendants of King David.

Jews went back and forth from Babylon to Judea in late antiquity. However, the two Roman destructions of 70 and 135 CE saw many Judeans flee to Babylon, away from Roman rule and into the Persian domain. Eventually, Rabbi Judah's Mishnah, a compilation of the legal traditions of Palestine published about the year 200 CE, made its way to Babylon as well. There it

Hagbah, lifting of the Scrolls.

became the basis of learning in the great academies. Five hundred years of comments and interpretations were eventually organized into the Babylonian Talmud. With the Arab conquest of the Middle East in the 7th and 8th centuries [connection?], this Talmud became the basis of Jewish law and practice for Jews throughout the world. From Baghdad, the central city of the vast Moslem empire, the Jewish academies centered there answered religious and legal questions from Jews throughout the Diaspora. Thousands of these documents, known as responsa, still exist. They reveal a fascinating picture of life in the Middle Ages. Baghdadi Rabbis supplied guidance in the form of sages sent to various communities as spiritual leaders, codes of law for local judges and the first official prayer books in Jewish history.

Over the centuries, Iraqi Jews became thoroughly integrated into the usually friendly Arab environment. The noted writer Mr. Naim Kattan, O.C., a member of our Synagogue, often says that his community thought of themselves as Arab Jews in the same way that some Jews might consider themselves to be American Jews or European Jews. This sense of belonging is not universal among Jews from Arab lands. Moroccan Jews, for example, would not say of themselves that they are Arab Jews.

The position of Middle Eastern Jews in general and Iraqi Jews in particular became tenuous with the rise of colonialism and nationalism and with the competition for influence among European powers. Jews began to leave Iraq and Syria early in this century. Iraqi independence from the British Mandate was achieved in 1932. Hostility, anti-Jewish legislation and business obstacles were soon directed against Jews. However, it was not until World War II that conditions seriously deteriorated. German agitation in Iraq encouraged independence from the British influence with which Iraqi Jews were identified, leading to anti-Jewish propaganda and attacks. During Shabuot of 1941, riots (remembered as the farhoud) erupted against the Jews. Hundreds were tortured and murdered, Synagogues desecrated and property looted by the mobs while government authorities did nothing. Finally, the British - whom some suspect were behind the events - intervened. Jewish life declined. During those years, many of our members recall that Jewish education was difficult to sustain; numerous young men were not trained for Bar Mitzvah and knew little if any Hebrew.

In 1948, with Iraq's implacable opposition to the creation of the State of Israel, Jewish life became impossible. Over 125,000 people searched for a new life, many in Israel, some in Montreal. The last significant exodus occurred in the aftermath of the cruel hangings in Baghdad in 1971 witnessed on television around the world. At that time, our member, Mr. Alan Rose, O.C., a National Executive Vice-President of Canadian Jewish Congress, negotiated 850 exit visas for Jews from Iraq.

A small Jewish remnant still remains in Iraq and from time to time an individual or family succeeds in escaping and joining our community. We pray that the few survivors will soon rejoin the Jewish world. Unfortunately, this will mark the end of one of the oldest and grandest Jewish communities in our history.

The way the story is told, Montreal was never intended by everyone to be a permanent destination. For some, it was merely a stopover on the way to New York, a place to wait until entry permits were secured for the United States. These were not easy to obtain. In any case, the few families who were here enjoyed our City and decided to stay. They encouraged their relatives to come. By the early 1950's, a community had begun to form. The character of this community was shaped by these circumstances. It was, and still is to an even greater degree today, a community of extended families. Almost all its members are related to each other in some manner, whether forged through ancestral ties or marital bonds over the past forty years within a community whose members often marry each other. It is a community with a relatively high retention rate that has experienced little loss to the epidemic of mixed-marriages ravaging North America. Indeed, in the last decade more and more marriage partners have been chosen from among other Canadian Jews, Sephardi as well as Ashkenazi.

The Community of Sephardi Jews was soon formed. Largely composed of Iraqi families, it was built upon a base which had been started by a small coterie of Sephardi Bulgarians, Greeks and Yugoslavs who had fled Nazi invasions of their countries. The Community found a home in the Adath Israel and, subsequently, the Young Israel of Montreal synagogues. Weekly Sabbath services were held as well as on Festivals and High Holidays. However, religion was not everyone's highest priority.

I am told that in Iraq almost everyone continued to attend Sabbath services regularly until the departure. However, a process of secularization did begin in the 1920's. Many began to neglect Jewish practice and knowledge. Young men were sent to Europe, India or the United States for studies, returning home after having absorbed the secular lifestyle of the West.

Upon arrival here, the North American Jewish pattern quickly became the norm. As recent arrivals, many adjustments had to be made. Some families were able to extricate a measure of their wealth and belongings from Iraq and thereby were able to begin their economic pursuits here with that advantage in a particularly dynamic period of economic growth. Others abandoned massive fortunes, confiscated by the government. They had to begin all over again. Soon the economic and mercantile skills of the Iraqi Jews produced a comfortable level of prosperity. Children were

educated and prepared for business and professions. The community was settling in.

In this process, the Jewish religious component was often and unwittingly neglected. In Iraq, as in the Arab world in general, there had been no experience with an open democratic society. Jews were isolated from non-Jews; the danger of assimilation was almost non-existent. Rarely did a Jew convert to Islam. Never did a Moslem consider becoming a Jew. Judaism was passed on by the inner adhesion of the community and the outer exclusion by non-Jewish society. The Iraqi Jews, like all others from similar civilizations, were ill-prepared to meet the stresses and challenges of a tolerant and multicultural Canadian society. Community leaders realized that Canada was different and called for new strategies of survival: synagogue traditions were important in maintaining Jewish commitment, the Jewish school system would provide a strong identity and afford connections with other Montreal Jews.

The Community of Sephardi Jews understood that it could never hope to build and maintain its own Synagogue. The Young Israel hospitality was only temporary. Discussions soon began with the Spanish and Portuguese Congregation about some type of union. Harone Kattan and Albert Shahmoon, encouraged by the Haham, Solomon Gaon, led the Iraqi side. A.J. Rosenstein, Executive Vice-President of the Synagogue, represented the Congregation. Agreement was soon achieved. The Iraqis would begin to join the Congregation as individual family members and would pray with the Congregation on a regular basis. They would maintain their community organization to run High Holiday services and other special events.

Iraqi names began to be found on the Synagogue membership list and among the Board of Trustees. A generous donation from the families of Khedouri and Ezra Lawee, distinguished community patrons, allowed the Synagogue to build a new social hall in 1967 and later a family fund was inaugurated to maintain it. In the late 1970's, the Mashaal family dedicated the main sanctuary of our Synagogue in honour of their parents, the late Menashi Mashaal and his wife, Simha, now only recently deceased. Beautiful Iraqi Torah scrolls now graced the Arks in the Mashaal Sanctuary and the Horace Joseph Chapel. Rabbi Abdullah Hillel sat with Rabbi Frank and the other clergy members on the Tebah often reading the Torah portion and contributing much enthusiasm to our services, particularly on Simhat Torah. A significant Iraqi presence had been quickly and gracefully established.

Unfortunately, some of the pre-eminent leaders passed on before my arrival as Rabbi. Thus, I did not personally come to know such men as Khedouri Lawee, Albert Shahmoon and Menashi Mashaal except through encounters with their families. My own contact with Ezra Lawee, Rabbi Hillel, Harone Kattan and Mavis Shahmoon and countless others brought me into an gradual understanding of the community, its history and dynamics.

At this time, after four decades of residence in Canada and almost three decades as part of the Congregation, our Iraqi community has developed a confidence in itself, preserving many of its values such as an intense respect for parents and elders; solidarity with those in mourning; encouragement for those facing severe illness and gen-erosity to the poor. Wedding celebrations are joyous and elegant. In recent years there has been a renewal of religious interest and practice among many of the younger generation who themselves were raised here. They have inspired many of their own parents to return to active participation in Sabbath services and home religious ritual. Our Synagogue's choir now has young Iraqi boys in its midst. Community holiday celebrations for Purim and Hanukah are organized for the Congregation by committees which they chair. Educational programs and lecture series are arranged and attended by them. Two monthly study groups, each with fifteen or more couples, meet with me to explore various aspects of Jewish history, ritual, texts and philosophy, reflecting a definite return to interest in their Jewish and Iraqi roots as well as a search for spiritual values that can enrich their lives now that the economic basis has been secured.

Most appropriately, Harone Kattan became the first Iraqi president of the Congregation in 1981. Together with David Kauffman, serving as Executive Vice-President, they led the Congregation to a burst of activities on many levels. Naim Levy, a Board member for many years and then a Vice-President, initiated a program of family endowments that has helped secure the financial well-being of the Synagogue.

Harone Kattan is one of the most remarkable community leaders that I have ever met. He is eminently respected by all members of the Iraqi community as well as by others in the Congregation and Jewish community. He combines wisdom and diplomacy, graciousness and eloquence. His speeches are thought-provoking and inspiring. His leadership, religious devotion and enthusiasm have indeed been major factors in the successful integration of his community into the Congregation and the major role Iraqis now play in the operation of our Synagogue.

David Kauffman succeeded Harone Kattan as President in 1984, and the growth in activities continued under his careful and intelligent guidance. More Iraqis appeared on the Executive Committee: Alfred Lawee, the subsequent President (1988-91), Evette Mashaal, Edna Mashaal, and the always energetic and resourceful Joseph Iny. Victor Mashaal became Vice-President under the gentlemanly Alfred Lawee; Edward Ezer also joined the Executive. Victor Mashaal is the current President of the Congregation. His wisdom and drive bode well for the future. Anwar Shahin is another person who has worked tirelessly for decades on behalf of his community and the Congregation which he now serves as Vice-President. Full of energy and kindliness, he has been a pillar of strength for many programs, encouraging numerous families to join our Congregation membership, guiding them in times of bereavement, organizing and leading in the hazzanut during the High Holiday services of the Community of Sephardi Jews.

Rabbi Abdullah Hillel was an important part of the process of acculturation. Affectionately he was known as 'Abu Abie', based on a popular custom in the Middle East of calling someone after his first son, i.e., the father of Abie. In Iraq, he had been a businessman, never formally ordained as a Rabbi nor serving in a communal capacity. However, he was extremely knowledgeable in Talmud and Kabbalah as well as able to lead

services as Hazzan and Torah reader. He knew his communal traditions. He also possessed remarkable leadership instincts. He was patient and diplomatic, although the diminished religious commitment of his people troubled him. It was obvious to him that conditions here were radically different than in the Old Country. We had many talks about numerous subjects. He expressed his great support and appreciation for my efforts to lead the Congregation and his people. I was surprised to learn of his special concern for women's religious activities, being very happy with the introduction of a Bat Mitzvah ceremony in 1976 and believing in the importance of a women's prayer group. He was the link with past traditions that had been irrevocably severed. His quiet presence among us until his death in 1985, made the dislocation of our Iraqi community more bearable and eased the process of adjustment.

These personalities and many others have all played a role in bringing us to our present moment. At this time one can say that the Iraqi community has found a home within our congregation. In return, it has provided a generous measure of leadership and support to all its activities and programs. As we look to the future their presence will continue to be a major factor in the life of the congregation.

THE MOROCCAN PRESENCE

Jews have been living in Morocco, indeed in the entire Maghreb (literally, the west; geographically, North Africa), for over two thousand years. They had their own unique traditions as they developed in the world of the Romans, Berbers and then through the Arab conquests and Islamicization. During the Middle Ages they

The Bar Mitzvah is called to read the "sefer torah".

came under the influence of the great Spanish community nearby to the north. Beginning with the anti-Jewish attacks in 1391 and continuing through the expulsion of Spanish Jewry in 1492, many Spanish Jews sought refuge in North Africa. They mostly settled in the coastal cities and came to exercise a great influence on the local Jewish population. Eventually, the communities were totally integrated which led to North African Jew's intense identification with Spanish or Sephardi tradition.

French colonial influence came to the region in the mid-19th century. Algeria was annexed and francized. Local Moroccan nationalists accused the Jews of wishing to help France control Morocco so that the Moroccan Jews, like their Algerian brothers and sisters could benefit from the democratic rights offered by France with full citizenship.

Attacks against Jews broke out over a period of time but eventually tranquillity was restored, remaining so until World War II. The brief German occupation led to the deportation of an estimated 10,000 Jews to death camps before American forces arrived to stop further German advances.

In the post-war era, Morocco became independent. The Jews maintained excellent relations with King Mohammed V as they continue to do with his son, King Hassan. Nevertheless, the winds of nationalism were in the air. Arab anti-Israel rhetoric was frightening. In the early 1950's, Moroccan Jewry began a peaceful exodus.

Strongly Zionist in orientation, many went to Israel. Others found haven in France. A few, seeking other French speaking societies, began to arrive in Montreal. Others followed in great numbers, particularly in the 1960's and 1970's. Estimates vary, but the total number living in the Montreal area is about 20,000. They form the largest of the Sephardi groups here.

Their settlement in Montreal was not without its challenges. They entered a Jewish community that had just sustained a large East European influx of Jewish refugees from Nazi horrors and destruction. These European immigrants spoke Yiddish, Polish, Rumanian and Hungarian. Some knew a smattering of French. Nevertheless, the older Montreal Jewish community - largely English speaking - regarded them as their kin for they hailed from the same ancestral origins. However, the last few centuries had seen no contact at all between the European Ashkenazi community and the North African and Middle Eastern Sephardi communities. The cultural and linguistic distances were immense. Even here French-Canadians noticed the difference between them. They charmingly called the Moroccan arrivals "Catholic Jews" for they had never met Jews before whose mother tongue was French.

Among the arrivals from Morocco were various young men who were pioneers for their families, a pattern begun a century ago by Ashkenazi Jews and other immigrant groups. Unable to identify with the overall Jewish community, many of these young men began to integrate with the French population. Unfortunately, this led to much mixed-marriage. Often the non-Jewish partners would embrace Judaism. Nevertheless, quite a few of these immigrants were lost to the Community.

With the arrival of greater numbers and the establishment of Moroccan led institutions, the problem abated. At present there are various community organizations and numerous Moroccan Synagogues which maintain a vital Jewish life based on the Maghreb Sephardi traditions.

From the very beginning of their arrival in Canada, some Moroccan families became associated with our Spanish and Portuguese Congregation. Through his friendship with Harone Kattan, Ralph Lallouz joined the Congregation. When the position of Hazzan became open in 1967, André Amiel suggested that Salomon Amzallag, a famous North African singer and composer of Arabic music, be given an audition. He was soon engaged for the position and served nobly until 1984. Although the greater Montreal area is now bedecked with numerous Moroccan Congregations, our Synagogue has always attracted a large following from among this community.

Upon my arrival in 1970, Hazzan Amzallag became my personal advisor on the customs and music of Moroccan Jews. A superb musician who often sang for the King in Morocco, he was in demand for concert performances throughout the world. He revealed the riches of the Moroccan musical traditions with their enormous collection of piyyutim (religious poems) for Sabbaths, Festivals and all the special occasions of life. Their Synagogue music often resembled Spanish-Portuguese melodies. However, they sounded more oriental while our melodies, naturally, had become westernized. In an effort to welcome the many Moroccan families that were now making their way into the Congregation, we began to introduce various Moroccan songs and chants. I will never forget my initial thrill at hearing the beautiful chants for late Sabbath afternoon, sung prior to Arbit, one of the highlights of our wonderful Sabbath at the Synagogue.

The entry of Moroccan families into the Congregation stimulated the use of the French language in Synagogue life. The Moroccan Jewish community had been in the midst of a process of francization for decades. To be sure, the older generation was still strongly Arabic speaking. Some few spoke Berber. However, French had become the dominant daily language for most. It was one of the reasons for choosing Montreal as a home.

By coincidence I had chosen to study French in high school and at Yeshiva College. I had not put my knowledge to use for many years. Now I was confronted by a community of Jews many of whom were unilingually French-speaking. During my first week at the Synagogue, a young woman came to my office. Emotionally and tearfully she recounted her difficulties with her husband. I managed to calm her and slow her down until I could understand her. I made myself understood to her as well. Somehow the family crisis was averted. Many years later we celebrated together the happy occasion of her son's Bar Mitzvah.

I decided that improving my French was to be a personal priority. Finally, I planned a French sermon for Shabuot in the spring of 1973. I received a warm reception which encouraged me further in this direction. Since that time I have spoken on numerous occasions in French as the moment warranted. All announcements of pages and activities in the Synagogue are in

Ashkenazi style silver crown from a sefer torah of the congregation.

English and French. When I can, a few words of Arabic may enter as well. Although most of our Moroccan families are bilingual, they appreciate the effort to please some of the elderly congregants who are not. Although English remains the dominant language in the Congregation, one commonly hears French spoken at Annual Meetings of the Congregation as well as at meetings of the Executive Committee and Board of Trustees and, of course, extensively among our Francophone members.

At this time we have about 130 Moroccan families. They are the backbone of the religious life of the Congregation. They continue to supply our clergy: Hazzan Yehuda Abittan, Shamash Meyer Sebbag and Kashrut supervisor Meyer Dahan. Without our Moroccan members, our daily morning and evening service would not survive. The

Sabbath service would be desolate. Their happy manner has entered into all aspects of our religious life to everyone's benefit and delight.

Among the Moroccan Jews I have met some of the most saintly and pious individuals I have ever known: individuals of simple faith, profound integrity and commitment. Moise Fhima, Mimoun Kalfon, Meyer Dahan, all now deceased, were rare individuals. Through them I came to understand the ordinary Jews of Moroccan background noted for their extraordinary piety. Their intensity at prayer, their enthusiastic celebration at a wedding or Berit Milah, their songs and, not least, their wonderful foods, have enriched my life, the life of the congregation and indeed the entire Jewish community of Montreal.

In the summer of 1986, I travelled to Morocco to attend the wedding of our Hazzan Abittan. By then only a few thousand Jews remained out of a community that once numbered in the hundreds of thousands. Yet what ever was left was happy and peaceful. I saw the remnants of this great community's past when visiting the old Jewish mellahs of Marrakech and Casablanca. The sights and sounds, tastes and smells were all somewhat familiar thanks to the many good teachers I had from among our members.

Our Moroccan members are fully integrated into the Congregation and prefer to pray as part of the Mashaal Sanctuary service. However, on High Holidays we continue to offer a Moroccan service to a largely non-member audience. Simon Amar has faithfully led this service for many years, ably assisted by others. This service is part of the grand mosaic of services that take place in every facility of ours on the holidays.

The younger element of our Moroccan community has also made its mark on the Synagogue administration. Albert Bitton and Marc Mechaly now sit on the Executive Committee. The eloquent and wise Salomon Benbaruk, a community leader in the Old Country, has been a great source of counsel. Moise Harrosch, descendant of a rabbinical family, has served for many years as our Assistant Parnass. Simon Fhima has been active on the Religious Affairs Committee. Others are Trustees and committee members. Our boys choir is led by Eyal Bitton and staffed by numerous young Moroccan boys many of whom ably assist the Hazzan in leading the service and reading the Parasha and Haftara. At our annual Youth Shabbat before Purim, they play a major role. Our present and future are brighter because of their presence among us.

THE LEBANESE PRESENCE
MAGHEN ABRAHAM

Beirut and Lebanon had an old Jewish community composed of many elements - remnants of ancient Palestinian Jewry mingled with Spanish emigrés who might have come via Turkey, more recent arrivals from Egypt, Iraq and neighbouring Syria of which Lebanon was traditionally a part. In religious custom and melody, the Syrian Jewish style is apparent.

The PLO driven civil war broke out in 1975, destroying Beirut, a city known as the Paris or Geneva of the Middle East because of its European elegance, dynamic commerce and banking institutions. The small Jewish community was well represented in these endeavors and the scions of this community have continued their mercantile tradition elsewhere.

In the late 1960's, a few Lebanese families arrived in Montreal from Beirut. Although Beirut was not yet in decline, the perpetual tensions that eventually erupted into full scale civil strife were present. Three now deceased older gentlemen, brought their families to the Synagogue: Isaac Guindi, Aaron Hasson and Haim Helwani. Some single men also soon arrived here: Moise Bassal and Albert Mann. These were the beginnings of the modest community. Montreal is now graced with about 100 families who arrived in number after 1975 and especially after 1978 when the war intensified.

Maghen Abraham was created largely by the efforts of an intelligent and dynamic leader, Selim Moghrabi. Son of a Rabbi, a respected lawyer in Beirut who established a new law practice in Montreal, he gathered friends from Beirut and created the Maghen Abraham association, named after a prominent Beirut synagogue, to insure the perpetuation of their own traditional Sephardi rite.

Maghen Abraham began to conduct High Holiday services in various locales. Our Congregation, led by Harone Kattan and David Kauffman, and with my encouragement, reached out to the Maghen Abraham community to invite them to use our facilities. They were offered our Chapel for weekly Sabbath morning services and the Montefiore Hall for the High Holydays. Emil Khadoury, assisted by others, picks up most of the hazzanut responsibilities for Shabbat and holidays.

Through these endeavors Maghen Abraham has brought together numerous families. Maghen Abraham embraced many Egyptian Jews whose customs were similar to theirs. The Egyptians, although they had arrived much earlier than the Lebanese and were more numerous, had never organized themselves into any association. Some were our members, some had joined other Sephardi or Ashkenazi Synagogues. Regrettably many had been lost through assimilation since their arrival after the Suez Crisis in 1956. Now a few would rediscover their roots through Maghen Abraham.

At this time, there are about thirty Lebanese families who have become formal members of our Synagogue. They are a dynamic group which, besides running their own activities, contribute mightily to the management of Synagogue affairs. Selim Moghrabi, in addition to his many years as President of Maghen Abraham, has also served seven years as Executive Vice-President of our Congregation; Victor Guindi has served for a decade as Treasurer; Albert Mann, Moise Bassal and Selim Sasson have served on the Board of Trustees or on the Executive Committee. Eli Romano, a truly devoted member of Maghen Abraham, is always available to assist on Synagogue projects. Many women work on Synagogue and Sisterhood events. All are hard workers who combine intelligence with enthusiasm. They too are already an important part of our present. They too will help build the future.

THE PRESENT -
A SYNAGOGUE OF COMMUNITIES

Our Congregation has become a community of communities. In addition to our Iraqi, Moroccan and Lebanese-Egyptian members I have just described, some of our members are descendants of the founding families that dominated our history for 200 years; others are of various Sephardi stock who have come in small numbers; yet others are of older Ashkenazi Canadian origin or recent survivors of the Holocaust and destruction of European communities. We even have a few expatriate Americans who, like myself, have four generations of North American experience behind them.

We have built a unique Sephardi community. Our constituencies have maintained themselves, but there has been a blending. For example, our musical customs do not follow a strict form of the Spanish-Portuguese ritual that was the founding custom. We are more universally Sephardi in our approach, having incorporated the music and traditions of the various Sephardi groups to one degree or another. Echoes of Ashkenazi custom continue as in the insertion of 'Unetanne tokef' for Rosh Hashanah and Yom Kippur. Of course, the current Hazzan always plays a dominant role in the shaping of the liturgy. Hazzan Abittan, although of Moroccan origin and mostly familiar with his own musical traditions, continually makes efforts to draw from a variety of Sephardi traditions. Eyal Bitton, the choir director, a devoted student of music, is helpful in this regard as well.

Bar Mitzvah, morning minyan.
(Services during the week.)

A PORTRAIT OF
DAILY CONGREGATIONAL LIFE
RELIGIOUS LIFE

We maintain daily morning and evening services in the Horace Joseph Chapel. Shabbat morning services are conducted in the Mashaal Sanctuary where almost 400 (grown from 150-200 when I arrived) people gather while Maghen Abraham holds Sabbath services in the Chapel with an average seventy-five men and women in attendance. A Junior Congregation follows there and the children join the main service for its conclusion. A weekly kiddush ensues where our members can meet and socialize before returning home.

High Holydays witness four parallel services comprising almost two thousand persons. The Mashaal Sanctuary seats over 500; when all seats are taken, others stand quietly from time to time. For Kal Nidre and Neila probably 800 worshippers attend. An Iraqi service takes place in the Lawee Hall for another 500 persons. Maghen Abraham welcomes almost 400 to its service in the Montefiore Hall. The Horace Joseph Chapel holds about 120 for a North African service. These numbers swell at times of the day. Every available corner of our Synagogue is used.

Festival days witness much participation from the members. The Mashaal Sanctuary is close to full on most days and some evenings, as all groups within our Synagogue pray together in one service. Each Sukkot festival service is followed by lavish kiddushim in our beautiful Sukkah in honour of the Hatanim. For over twenty years we have had a Sukkot family lunch on Hol Hamoed attended by up to 200 people. Simhat Torah evening is a joyous event with enthusiastic singing and dancing as hundreds of men, women and children come for Hakafot; women pass a Torah Scroll through their section and dance with it in the hallways. The joy and enthusiasm of Simhat Torah is a fitting conclusion to the Fall holiday season.

Purim is also quite popular. Many come to hear the reading of Megillat Esther. Our Sunday afternoon party, a recent annual tradition, attracts numerous families with children sprawling all around. A similar family party is held at Hanukkah.

From time to time, a second communal Passover Seder has been celebrated at the Synagogue, often sponsored by the Iraqi community. In recent years, we have added an important Moroccan tradition to the great enjoyment of our members - the Lag La'omer commemoration of a Hiloula in memory of Rabbi Simeon bar Yohai.

During weekday morning and evening services, worshippers contribute to our Tsedakah box. These contributions, together with other larger donations, fund our Charity Fund, of which I am the discretionary custodian, to assist needy families and individuals. I am gratified by the generous way our members respond to the needs of those less fortunate. Various members approach me often with liberal donations for the needy for which they wish to remain anonymous.

Our Synagogue hosts numerous weddings and Bar Mitzvah celebrations each year. Weddings take place in the Mashaal Sanctuary under a beautiful new huppah of Oriental design which I suggested after my trip to Morocco. The huppah was sponsored by Victor and Rita Guindi and constructed by our resident volunteer master carpenter, Haim Fhima. He also constructed a new huppah for the Chapel presented in honour of the 50th wedding anniversary of Kamal and Marcelle Bekhor. In addition, Mr. Fhima built a beautiful Kisseh Eliyahou chair, sponsored by Kamal and Sue Gabbay, which we use for our Berit Milah ceremony. All these furnishings have added to the elegance of the many life-cycle ceremonies celebrated at the Synagogue.

Almost from its inception, our Congregation has maintained a cemetery for our members. Visiting the grave sites at our principal cemetery, high on the slopes of Mount Royal, is a veritable walk through the

Future bride and groom at the henné ceremony, North African tradition.

history of the Congregation and the Montreal Jewish community.

We currently experience about twenty deaths per year in the Congregation. Within one or two decades, our Mount Royal cemetery will be filled. With great foresight, in 1986 the Congregation under David Kauffman, Alfred Lawee, Joseph Handman, Elie Levy and Simon Fhima purchased a new cemetery in the West Island area of Beaconsfield together with other Montreal Congregations. This new cemetery is being held in reserve. We hope it will not be needed for a long time to come.

SOCIAL AND EDUCATIONAL LIFE

Over the years, strong efforts have been made to organize purely social events for the membership. These have included the occasional Friday evening Shabbat dinner, a Purim Ball, a series of Gala Musica programs for many years and various other events. Some youth events have been arranged, but alas a serious youth program continues to elude us and remains a necessity for the future.

An annual highlight is the Ilse Korpner Memorial Lecture series. The late Ilse Korpner, a past Sisterhood president, bequeathed to the Synagogue a fund to be used to sponsor cultural activities. We have arranged educational week-end series on topics such as Kabbalah, Biblical Studies, Women in Judaism, Contemporary Ethical Problems, Israel and Sephardi history and culture. Participants have included local scholars as well as invited guest speakers from the United States and Israel such as Rabbi Marc Angel of the Spanish-Portuguese Synagogue of New York City; Professor Alice Shalvi and Leah Shakdiel of Israel; Professors Lawrence Shiffman and David Blumenthal of the United States; my wife Norma Joseph and Rabbi Reuven Bulka of Ottawa.

I conduct classes from time to time on various subjects. Cantor Abittan leads annual Hebrew reading classes for beginning adults. These are very popular and have helped many adults learn to participate in the services. He also leads Sabbath afternoon classes in halakha during the months between Passover and Rosh Hashanah.

These activities are possible only because of the hard work of many devoted members: Linda Kivenko, Donna-Lee Kauffman, Pamela Iny, Linda Fishman, Terry Taffert, Joyce Peress, Taff Chitayat, Martha Lawee and Mimi Assouline are some who have chaired activities committees, assisted by numerous other members and supported by our office staff managed by Executive Directors Joseph Handman, and presently, Gene Rabie.

Fund-raising events have included a successful lottery and an ongoing annual Bazaar. Much hard work has gone into these events. Chairpersons have included Joseph Iny, Moise Bassal, Elie Levy, Fred Rabie, Linda Kivenko and Sue Gabbay.

ISSUES IN OUR SPIRITUAL LIFE

The history of our Congregation concerns not only structures, people, services and activities. We are moulded by ideas and issues. As spiritual leader, I have repeatedly addressed various themes that directly relate to the spiritual and moral challenges our families must face. As newcomers to Western society they are often caught up in matrix of cultural forces that can devastate Jewish faith, commitment and identity. This has happened to many Jews who preceded them. These issues, I believe, are of compelling interest to those who would like to maintain serious Jewish continuity.

THE MODERN WORLD

Preservation of Jewish and Sephardi tradition is one major issue the Congregation must face. While being a Jew in the open society of the Free World is easier than in the closed society of the Old World, here it is much more difficult to pass on a commitment to Judaism to our children. The members of the isolated communities of the Old World experienced an inner cohesion and solidarity with each other which was reinforced by their exclusion from the non-Jewish society around them. Jewishness was some-what imposed by this exclusion from the non-Jewish society. The whole concept of society here in the New World is different; no one is to be excluded, for all are equal. The hatreds and intolerance of the Old World are dismantled and replaced by an open, free and democratic order. The New World seductively offers a pleasant and pleasure oriented life-style that is appealing on many levels, not the least of which is the levelling effect it has on diverse traditions. Barrelling down a ski hill bedecked in fashionable outfit and face mask, one looks like anyone else. Why be different? How do we encourage Jews to choose a strong Jewish identity? How do we sensitize them to spiritual concerns in a materialistic pleasure-oriented world? No one has yet come up with the perfect strategy for success.

Fundamentally, it is a question of choice. We are free to choose our own life-style. Those who are newly-arrived have to be made conscious of this reality before it is too late. They cannot assume that Jewishness will automatically follow from generation to generation. They are cognizant of the significant break with the past. What can and should be salvaged, translated and transplanted into a new cultural idiom? Of course, they continue to speak their own language for a generation or two; offer ethnic foods on their tables and special feasts. Ultimately, however, food, music and language are accidents of history: alone they never provide a purpose for continuity. Is there something precious in their history that has value beyond the geographic confines of the Old Country and can inspire a sense of compelling necessity for its preservation and continuity?

All Jews today are dominated by a sense of what has been lost. None of the major communities that were the centres of great Jewish life even 100 years ago still exist. Destroyed in the Holocaust or dislocated by Arab nationalism, they and their way of Judaism are gone. What we build in the New World will carry some of the old spirit and tradition forward. But it will be our new creation, if we have the desire to do so.

The role of today's synagogue is to act as an agent to preserve the past, enrich the present and secure the future of Judaism. How to do this is a question that requires the cooperation of the entire community. I have often addressed this overarching issue to the congregation. While in principle there is general recognition, the transfer to practical implementation is not always clear or comfortable.

THE PLACE OF WOMEN

Earlier I mentioned the introduction of a Bat Mitzvah ceremony as part of our Congregation's service. Of course, our Jewish tradition always recognized that a woman becomes obligated to observe the commandments at age twelve. Not all communities, however, have some program for the formal recognition or celebration of that event. Interestingly, Rabbi Yosef Hayyim, the great leader of late 19th and early 20th century Baghdad, wrote encouragingly about such an event. But the specific character of the celebration has never been established. Numerous programs exist in the Orthodox world, from the religious kibbutzim in Israel to modern Orthodox congregations of North America. Sephardi Jews had always recorded a brief ceremony in their prayer books for the naming of a baby girl: zebed habat, Treasuring the Daughter.

Behind these significant ceremonies is a larger issue: the role and participation of women in religious life today, including Jewish education for girls, and the place of women as leaders of the Congregation.

We have had women on our Board of Trustees and Executive Committee for many years. For the zebed habat ceremony in our Congregation, babies are brought to the Tebah for their blessing and name giving with much enthusiastic singing from the Congregation. Many of our members now send their children to Jewish schools, both boys and girls, recognizing the necessity of education in developing continuity and commitment. Many of our women are eager students of Judaism and faithfully attend lectures and study groups within and without the Congregation.

However, one activity I encouraged did cause some discomfort. For many years I had contemplated the creation of an experimental women-only service in response to the growing interest by women for more participation in religious life. I was aware of other initiatives in the Orthodox world and studied the relevant halakhic prescriptions. My wife, Norma, and I focused on Rosh Hodesh, the beginning of the Jewish lunar month, as a possible time for a women's service. Rosh Hodesh had been an ancient women's holiday that became neglected over time. Apparently this holiday was given to the women for their devotion to the construction of the Mishkan, the portable Sanctuary our ancestors used in the desert and in Israel until the Temple was built by King Solomon in Jerusalem. We believed that a revival of this holiday as a women's festival, marked with a women-only service directed by

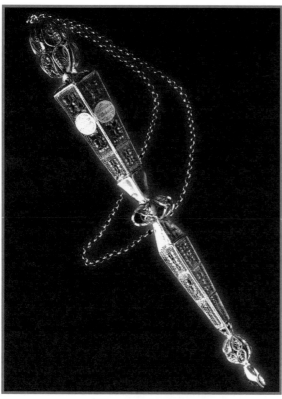

Silver yad (pointer)

Spanish and Portuguese Synagogue of New York, has a similar Purim service for women as well. It also maintains a Hakafot service on Simhat Torah for women held in their daily chapel.

Then, in 1988 a reporter for the Canadian Jewish News decided to write about our women's prayer group. Unfortunately, the reporter was not altogether knowledgeable about the issues and chose to publicize the event on the front page of the newspaper replete with factual errors. Some of our members felt embarrassed. Some could still not understand why women would wish to pray, obviously uninformed of the halakhic traditions that require women to pray at least once a day! Others were unaware of the women's prayer service, which had not been the subject of any prior publicity or debate. Significantly, feelings on the issue were not split between those who were "more" or "less" religiously observant than others. Rather the divide was drawn more between those who had been in the New World or Old World for a relatively longer or shorter period, with the latter more uncomfortable than the former.

The news media attention proved to be a catalyst for us. After lengthy discussion, the Board of Trustees agreed that the Women's Tefillah Group, although it was an autonomous body open to members and non-members, could use our facilities as long as the incumbent Rabbi of our Congregation assured the halakhic correctness of its activities. The women's service has continued to meet. Women have used this facility to celebrate special moments in their lives as well as to mourn the loss of loved ones. It has become an important part of the life of the Community.

themselves according to halakhic guidelines and parameters, would offer women an opportunity to develop their spiritual lives and knowledge of Judaism.

In 1981, a group of women began to meet as a religious and educational activity, following the tradition of Miriam, the sister of Moses and Aaron, who led the women in prayer, song and dance after the crossing of the Red Sea during the Exodus from Egypt. Over the years other activities were developed in conjunction with holidays, especially Purim with its emphasis on Esther and her scroll which is read by the women in their own Purim service. On Simhat Torah eve, the women dance with a Torah Scroll. Interestingly, our sister congregation, the

DEMOCRACY

The issue of women's place in Judaism derives from internal Jewish concerns about dignity and respect, but it is also related to the modern experience of freedom and democracy. Democracy, in the final analysis, is why Jews have come here in the first place.

Democracy means that people come first. In lands where God comes first Jews come second, often a distant second. Although we worship the same God, under Islam and Christianity we were not seen to worship God properly. Therefore, we were less worthy citizens than those who allegedly did. Under democracy, religion is supposedly irrelevant. Society does not care which religion you profess or if you practice any at all. There is freedom of religion and freedom from religion. It is our right to choose to be Jews or anything else we wish. In a democracy, the rights of each individual are primary and all individuals are equal. Their choices are equally valid as long as they do not interfere with the rights of other citizens.

It is now over 200 years since the French Revolution. Its motto of "liberty, equality and fraternity" shook the foundations of a European society rooted in rigid class and estate distinctions. In historical terms, we are still at the beginning of this revolution. Even the mighty Russian Empire in its modern Soviet form has lifted its Iron Curtain and than collapsed. China too must face the issue. The Berlin Wall is long gone. The tide cannot be resisted.

The democratic spirit of free choice does not sit well with a system shaped by duties imposed from some outside source – even if that source be God. The democratic spirit is inhospitable to intolerant traditions for it is precisely those traditions of intolerance and hatred that democracy seeks to unseat. All voices, even that of God, must compete for the individual's attention. God's "still, quiet voice" is often overwhelmed by the noise of our time. This is the crunch: a system based on tradition, commandment and duty which sees human dignity as the fulfilment of the assigned duties according to class or gender is trying to preserve itself in a context in which human dignity is viewed as a product of free choice directed towards having a good time. If there is anything sacred in a secular democratic society, it is the right to choose for oneself.

Dare a parent dictate or veto a choice of spouse to a child today? The result will be almost universal failure and alienation of the child from the parent. The child's choice of a marriage partner will usually win over family ties. At best, we can guide our children into the proper circle of acquaintances through school, camp and family friends. Hopefully, our children will make the right choice. How to give some wise parental or grandparental guidance without appearing to interfere is one of the dilemmas our cherished democracy has imposed upon us. Our authority depends not upon our status as parents or grandparents but only upon the wisdom and guidance we offer. The final authority rests elsewhere: in the decision of our children.

Above all, democracy has brought to every individual the right to participate in the processes of society. It is not a perfect system. Winston Churchill said: "Democracy is the worst system except for all the others".

The right of choice has brought myriad changes to our lives. The complexion of our Community has changed. Traditionally, Jewish religious institutions could roughly be divided along Sephardi or Ashkenazi lines, based upon common cultural or ritual origin. In the environment of modern democratic freedom, new groupings have arisen based not on origin but on some other considerations. The consideration may be a preference for certain ideas, values or practices - some of which are not in complete accord with halakhic tradition. Coping with pluralism is one of the major problems that democracy has brought to us.

The success of the democratic system is that it is not only hospitable to all kinds of people but that each person feels that he or she has a voice in the decisions that affect them. I may not get my way each time but my voice is heard and I can work towards my goals freely and openly. Class, religion, ethnic identity and gender are irrelevant.

Our children and grandchildren will be living in an ever increasing egalitarian society. Traditional Judaism will gain or continue to lose depending upon how we deal with it. I refer specifically to the feeling of disenfranchisement that Jewish women, about half of the Jews of the world, feel when it comes to their view of traditional Judaism. Many women feel that they cannot treat Judaism seriously for Judaism does not treat them seriously. This malaise must be addressed as it is eating away at the fabric that undergirds a healthy community. Clever answers and apologies will not be taken seriously. I believe that the issue can be dealt with in a manner that respects both halakha and the modern spirit.

In our century, there have been great Sages who have shown sensitivity to the religious concerns of women. The Hafez Haim, Rabbi Israel Mayer Hakohen, - author of Mishnah Berurah, the most important commentary of our time to the Shulhan Arukh - responded favourably to the request of women for more intensive Torah knowledge. The world-wide network of Beit Yaakov schools sprang up under his influence and women's education increased everywhere. When Yeshiva University's Stern College for Women began its intensive Talmud study program, my teacher, Rabbi Joseph Soloveitchik, gave the first lessons. The Lubavitcher Rebbe, Rabbi Menahem Mendel Schneersohn, has said that women should study Talmud as intensively as men. These sages recognized, in the new era in which we live, that without an educated Jewry we cannot survive the pull of assimilation and that increased knowledge leads to increased Jewish observance and practice.

Every area of life opened has been opened up to women: they can rise to be President or Prime Minister even in Moslem countries or staid Britain; or become government ministers or justices of the Supreme Court. Law schools and medical faculties today literally teem with women. Even in Iraq in 1950 there were a few Jewish women lawyers and physicians. In every area, women are judged by their competence and rise accordingly. Their sense of dignity has risen in the open and democratic society. There is ample precedent for positive responses to increase the sense of dignity women feel in respect to traditional Judaism.

Many good Jews fear this issue. I believe that it must be raised for the sake of our faith. To those who are afraid I ask where is your confidence in the Torah that

God has entrusted to us? Is it divine and eternal containing guidance and direction for everywhere and anywhere? Let us face the issue boldly and courageously.

THE OPEN AND MIXED SOCIETY

The openness of modern society and the decline in anti-Jewish feeling has been accompanied by an explosive growth in the amount of intermarriage. Are the two phenomena related? Yes, for intermarriage presupposes a non-Jew is prepared to marry a Jew. Diminution in anti-Jewish prejudice, something for which we all hope, perversely invites a greater degree of intermarriage.

Mixed-marriages have been a major issue since the beginnings of modernization. Very often the Jewish partner abandoned any connection with Judaism, often converting to another faith. Mixed-marriage was seen as a way of escaping whatever stigma may have been attached to being Jewish. Now, however, we live in a period in which the phenomenon of mixed marriage is so common that in some communities it is shockingly considered to be normal. Consequently, the Jewish partner to the intermarriage does not necessarily wish to escape from Judaism: strong attachments to Judaism may remain. If he or she chooses to identify with Judaism, that choice will be respected. Quite often the non-Jewish partner has no strong attachment to any faith or community, and encourages raising children as Jews. Often the non-Jewish party begins to identify with Judaism and, in a great many cases, enters into a process of conversion to Judaism. Again, all of this is only possible in an open society in which tolerance and respect are gradually replacing suspicion and hostility.

Interesting perspectives emerge from Gentiles who are attracted to Judaism. They are drawn to us, they say, by our strong sense of attachment and caring for each other. Our beliefs are less mysterious and more concrete than the religion which they had abandoned long ago. They consider themselves privileged to have entered into the community. Many exhibit a strong commitment to learning and observing the laws and traditions of our faith and complain that many Jews around them seem not to take seriously those laws and traditions.

Lest you say that this is an insignificant phenomenon, a few years ago a survey indicated that in recent times about 10,000 persons have been converting to Judaism each year in North America. Projecting this rate over a decade or two, one realized that a growing segment of our population are Jews by choice rather than by mere accident of birth.

The issue of conversion is one that our Congregation has had to face. As mentioned earlier, mixed-marriages plagued the early arrivals from Morocco. The Egyptians here have been decimated by mixed-marriage and even conversion to other faiths. Ever since my arrival, I have had to deal with numerous families who were concerned about their children's involvement with non-Jewish partners. There was enough of an interest among them to lead me to establish a seminar to teach Judaism to these potential converts as well as to their Jewish partners who were often ignorant of the basic tenets and practices of Judaism. I became deeply involved in this area. After a period of instruction, a Beth Din of three Orthodox Rabbis from among the members of the local branch of the Rabbinical Council of Canada, an affiliate of the Rabbinical Council of

America, the largest body of Orthodox Rabbis in the world, would accept or refuse a candidate for conversion. When I assumed the presidency of the local branch of the RCC, I tried to create an organized, official Beth Din for conversions that would be recognized world-wide. These efforts eventually came to fruition in the establishment of the Beth Din which is now functioning, handling all conversions for the Orthodox community.

Nevertheless, the situation caused discomfort among some of our members. Many of our members hailed from Moslem lands, where conversions of any nature were rare occurrences. Converting a Moslem was illegal and dangerous. Occasionally local Christians converted to Judaism and were accepted by the local Rabbinate. Mixed-marriages were exceptional, given the hostility and disdain for Jews among the Arab populations.

In Montreal, again the issue divided not so much between those who were "more" or "less" religiously observant, but rather according to the length of exposure to our open North American society.

Between 1987 and 1990, we held intense private and public discussion of these difficult issues at various levels of our Congregation - the Executive Committee, Board of Trustees and the membership. This remarkably democratic process ended in the formulation of a policy acceptable to all segments of our Congregation.* We would permit any process of conversion conducted by a Rabbi of our Congregation as long as such process abided by the guidelines and was subject to the authority of the Rabbinical Council Beth Din. I believe that the basic

Gustave Schachter

approach our Congregation took not only was correct but indicated a mature recognition of the difficult realities of integration into Canadian life.

THE FUTURE

The future of the Congregation looks bright. We have grown into a large 'Congregation of Congregations'. Yet, we have built a sense of solidarity and loyalty to the Spanish and Portuguese Congregation while maintaining respect for the plurality of traditions in our midst. As our generations progress into the future, we see that, for most of our members, their particular origins remain important but less significant in their relationship to the Congregation.

---

* A copy of the policy of our Congregation may be found in Appendix A.

They are becoming Canadian Jews of a particular ancestry. The reality of the present is the dominant force; nostalgia is difficult to maintain for too long.

There are major issues to face. Are the present facilities adequate for the needs of the Congregation? After all, no major structural work has been done since the Lawee Hall was built in 1967. We have more demand for seats in the Mashaal Sanctuary than we can supply. Many of our members must go elsewhere for celebrations which are too large for our premises to house.

Future programming must be developed for our youth and adults. What can we do to maintain and strengthen our religious identity and commitment for ourselves and children? Can we stave off the wave of assimilation that is engulfing North American Jewry?

The political and social uncertainties of Quebec's future association with Canada will hopefully be resolved in such a way as to ensure the future viability of the Montreal Jewish community. The economic woes of North America will have to be dealt with in the face of a new world order following the collapse of the half-century Cold War and the emergence of new realities in Eastern and Western Europe, Asia and Africa.

We are an old Congregation but also a new one, a young one. There is no sense of resting upon our laurels but rather optimistic anticipation of the future. After 225 years, our Congregation remains the pre-eminent Sephardi institution in Montreal. That status will be enhanced as the Sephardi percentage of the Jewish population in Montreal continues to increase. We pray for the wisdom and guidance that will enable us to continue to serve the Community.

I have enjoyed the reflections which have given birth to this memoir. I hope that the sense of personal satisfaction that I feel in being part of this story does come through. I look forward to the years ahead with anticipation: of many family celebrations as children grow, marry and build new families that will perpetuate our traditions.

There are many reasons for confidence. The Congregation has developed a devoted and intelligent base of young leadership that looks forward to their future responsibilites in guiding the affairs of the Synagogue. Everything is in place. Insh'Allah, with the help of God, and besim'Allah, in the name of God, we will continue the unique history of the Congregation into the future.

Silver trowel used to lay the cornerstone of the Stanley Street building, 1892

PRESIDENTS OF THE SPANISH & PORTUGUESE CONGREGATION 1768–1996

David Salisby Franks
1775-1777

Levy Solomon
1778-1792

Samuel David
1800

Benjamin Hart
1837-1840

Moses Judah Hays
1838

Dr. Aaron Hart David
1846-1847
1868-1871

Samuel Benjamin
1849-1859

Goodman Benjamin
1851

Alexander Levy
1856-1860
1862-1863

G.I. Ascher
1861-1862

William Benjamin
1863-1866

Gershon Joseph, Q.C.
1883-1886
1892-1893

Lewis A. Hart
1891

Jesse Joseph
1894-1903

Israel S.Goldenstein
1906-1910
1914-1917

Jacob L. Samuel
1911

Benjamin Silver
1912-1913

Capt. Wm. Sebag-
Montefiore, M.C.
1923-1950

Samuel Rosenberg
1951-1953

Martin Goldsmith
1954-1955

72

Harry Cohen
1956-1958

Morris Markowitz
1959-1966

Max Brandt
1966-1970

Leon Brownstein
1970-1978

David Lauterman
1979-1981

Harone Kattan
1981-1984

David Kauffman
1985-1988

Alfred Lawee
1989-1991

Victor Mashaal
1992-1994

Albert Bitton
1995-

25 ANS DE LA VIE D'UNE COMMUNAUTÉ

Mémoire personnel du Rabbin Howard Joseph

 **Je** suis arrivé à Montréal pour une entrevue avec la Congrégation à l'automne 1969. Avant d'être embauché comme rabbin, les membres que j'ai rencontrés ont exposé en détail de leurs espoirs pour l'avenir. Je leur ai dit qu'ils semblaient vouloir des miracles. Feu M. A.J. Rosenstein m'a expliqué que mon devoir n'était pas de faire des miracles mais plutôt de les expliquer. Nous pouvons dire que 23 ans plus tard, les progrès de la Congrégation sont merveilleux mais non miraculeux. La communauté a augmenté le nombre de ses familles de 330 à 700. Depuis les 250 années de son existence, la Congrégation Spanish & Portuguese de Montréal a atteint le plus grand nombre de membres. J'ai eu le privilège de présider en tant que rabbin à la célébration du 200ième anniversaire de la Congrégation en 1968.

Mes fonctions ont débuté en août 1970. Je tenterai ici de faire un compte-rendu sommaire concernant cette période de ma vie, de ma carrière et de la Congrégation. Nous aurons l'occasion, à travers les rapports, d'observer le portrait de la Congrégation Séfarade qui est devenue l'une des Congrégations les plus actives au monde. C'est l'histoire d'hommes et de femmes de plusieurs pays qui ont bâti une bonne communauté dans la belle ville de Montréal. Ceci forme partie du miracle. Quant à mon rôle dans tout cela, je laisse les autres en juger. Ma fonction maintenant est d'expliquer le travail accompli.

1968 - DEUX CENTS ANS

Je suis arrivé deux ans après la célébration du 200ième anniversaire de la Congrégation de 1968, événement qui causait encore beaucoup d'enthousiasme car il avait été un moment de dignité traditionnelle. Le Gouverneur Général du Canada, Roland Mitchener et son épouse, étaient présents ainsi que le Haham, chef séfarade de la communauté anglaise, et le Dr Salomon Gaon et Mme Gaon. Les descendants de certaines familles fondatrices de la communauté était aussi présents. Fonctionnaires, administrateurs et autres membres actifs faisaient également partie de la célébration.

En rétrospective, cet événement ne fut pas seulement la culmination de 200 ans de services mais aussi celui de la première Congrégation de Montréal, du Québec et du Canada. Il y eut aussi des allégations quant à de nouvelles "directions" pour l'avenir. Le rabbin Dr Salomon Frank, mon distingué prédécesseur, était une véritable légende à Montréal. Il était encore le rabbin et devait se retirer deux ans plus tard. Un nouveau hazan avait été embauché: Salomon Amzallag, un chanteur marocain. Ceci reflétait la présence de nombreux Nords-Africains dans la communauté de Montréal. [En 1970, il se sont multipliés. Même lorsque dans la ville de Montréal les Congrégations marocaines florissaient, notre synagogue a aussi attiré un bon nombre de leurs membres qui sont très actifs au point de vue religieux. Ils nous ont également apporté de nouveaux *bazannim*: Yehudah Abittan et son associé jusqu'en 1991, Daniel Benlolo ainsi que Meyer Sebbag, le *shamash* qui est encore avec nous aujourd'hui].

Il faut aussi parler de la présence de nombreux membres de la communauté irakienne qui se sont joints à notre Congrégation. Leur "chef spirituel" le rabbin Abdullah Hillel, était le fils du rabbin de Bagdad, Abraham Hillel. Plusieurs familles de cette ancienne communauté de Babylone se sont jointes à nous. [On parle ici des Lawees, des Mashaals, des Levys, des Fattals, des Chitayats, des Khazzams et des Meirs. Je cite aussi Harone Kattan et son épouse ainsi que feu Albert Shahmoon qui étaient des "visionnaires" lorsqu'ils ont négocié l'entrée de la communauté irakienne dans notre Congrégation]. Aujourd'hui, il doit y avoir quelque 300 familles irakiennes qui font partie de la Congrégation et y jouent un grand rôle.

On peut aussi parler d'autres petits groupes de la communauté séfarade méditerranéenne: ceux d'Égypte, de Turquie, de Grèce, de Yougoslavie, d'Algérie et de Tunisie. Egalement, en 1975, un autre groupe important est arrivé: les juifs Libanais de la belle ville de Beyrouth qui fuyaient la guerre civile ayant commencé à faire ravage dans leur ville.

Les 25 dernières années marquent l'histoire de l'évolution de notre Congrégation en une mosaïque de communautés et leur intégration dans la Congrégation, laquelle reflète aujourd'hui la grande diversité du monde juif.

A mon arrivée en 1970, plus de 80% de nos membres étaient Ashkénazes. Il sont encore présents aujourd'hui bien que leur nombre ait quelque peu diminué. Cette majorité a cependant changé pour refléter davantage les communautés Séfarades nouvellement arrivées de pays en crise qui ont trouvé que notre pays était comme un paradis. J'ai tenté d'encourager ces membres à perpétuer leurs traditions et à les partager avec notre communauté en autant que possible. Cette approche a préservé le respect et l'intégrité de tous ceux qui venaient d'entrer dans notre vie communautaire et, grâce à cela, a facilité leur ajustement, de sorte que la Congrégation est devenue un vrai phénomène canadien reflétant son aspect multiculturel et son désir de bâtir un bel avenir. [Ce compte-rendu vous décrira la situation actuelle et démontrera pourquoi nous avons beaucoup d'espoir pour l'avenir.]

Avant d'aller plus loin, il faut signaler deux choses. Lorsque le rabbin Frank était chef spirituel de la Congrégation, les nombreux membres d'origine Ashkénaze l'ont aidé à préserver la Congrégation durant cette période historique.

Le rabbin Solomon Frank est arrivé dans la Congrégation au quartier Côte-des-Neiges près de Snowdon en 1947, en provenance de la rue Stanley. Né à Buffalo, dans l'état de New York, il avait oeuvré pendant 21 ans dans une synagogue de Winnipeg avant de venir à Montréal. Pendant les années "sombres" de la seconde guerre mondiale, il a aidé à faire du Congrès Juif Canadien un agent efficace pour aider les Juifs. (Un autre membre efficace était Saul Hayes, le directeur-général du Congrès). A son arrivée à Montréal, le rabbin Frank est devenu une personnalité énergétique et active dans la communauté.

Avant d'adopter un programme officiel, il a commencé à visiter les hôpitaux et les prisons de la ville, aidant les gens, donnant un peu de joie et d'espoir aux infirmes et aux prisonniers. Il a continué à faire de même lorsqu'il et devenu rabbin de l'Hôpital Général Juif, même pendant les chaleurs de l'été ou les jours très froids de l'hiver, jusqu'aux derniers jours de sa vie.

Le rabbin Frank s'est fait connaître aussi par des émissions hebdomadaires de radio ainsi que par sa présence à des événements communautaires. Il était considéré comme un dignitaire parmi les Juifs et les non-Juifs. Il avait obtenu son doctorat en philosophie à Winnipeg et de temps à autre écrivait des essais. Suite à son décès, la Congrégation a publié en sa mémoire un livre intitulé "Truth and Compassion" (1983), Corporation Canadienne d'Etudes Religieuses, Presse de l'Université Wilfrid Laurier, dans lequel nous avons rassemblé plusieurs de ses essais.

Dans la préface dédicatoire, j'ai écrit les commentaires suivants:
Il a allié "Hesed et Emet", compassion et souci pour les êtres humains, à la recherche de la vérité. Il a excellé dans chacun. Le soin qu'il a voué aux malades, aux endeuillés, aux prisonniers et aux angoissés, a fait que même la mention de son nom pouvait les calmer. Plus impres-

sionnante encore a été son étude sur la complexité des hommes d'affaires du point de vue philosophique, historique et psychologique. Il les a intégrés dans une appréciation moderne de la vie religieuse et traditionnelle.

Sous la direction du rabbin Frank, les membres de la Congrégation d'origine Ashkénaze dominaient. Certaines de ces familles étaient membres depuis des générations; d'autres étaient devenues membres lors du déménagement de la synagogue à son lieu actuel dans le quartier Côte-des-Neiges. Peu de synagogues existaient alors dans cette partie de la ville et les résidents y étaient attirés. Ces membres ont rapidement rempli des postes clé au conseil d'administration.

Certaines coutumes Ashkénazes ont alors été introduites, telles la récitation du Yizkor à la fin des prières durant les fêtes. Les livres de prières étaient complémentés par des communiqués explicatifs. Ces mêmes coutumes étaient pratiquées dans d'autres synagogues Séfarades. L'éloquente poésie de Unetaneh Tokof et l'attitude de respect filial de Yizkor étaient bien acceptées par les communautés. Des siècles plus tôt, les créations Séfarades des grands poètes et philosophes avaient été adoptées par les communautés Ashkénazes.

A mon arrivée à Montréal, la synagogue avait un service supplémentaire après les prières Ashkénazes. Cependant, en 1970, beaucoup de choses ont changé. Les jeunes ont remplacé les vieux et sont venus s'installer dans cette partie de la ville. Ce service est maintenant terminé vu que la synagogue avait besoin de toutes ses salles pour les services

LA PROCHAINE DECENNIE

Séfarades dont le nombre augmentait. Les résidents locaux du secteur peuvent assister au service aux nombreuses synagogues Ashkénazes peuplant maintenant notre région.

A présent, nous comptons 200 familles d'origine Ashkénaze qui font partie de notre Congrégation malgré les changements des 25 dernières années. D'autres sont de nouveaux membres. Ils continuent à jouer un rôle dans le monde des affaires.

Entre 1968 et 1981, la domination des Ashkénazes continuait et la synagogue était alors présidée par Max Brandt, jusqu'en 1971, lorsqu'il fut remplacé par Leon Brownstein. Au terme de son mandat, ce dernier a cédé la place à David Luterman, de 1979 à 1981. Durant cette période, un nombre croissant de dirigeants Séfarades se sont impliqués dans la direction et dans le comité exécutif reflétant ainsi leur nouvelle association avec nous.

Durant cette période, des efforts ont été déployés afin d'augmenter le niveau des activités de la Congrégation en dehors des rituels religieux. J'ai démarré un groupe d'étude talmudique qui a duré 20 ans et ai créé un groupe pour faire l'étude du Talmud qui se réunissait durant les après-midis du Sabbat. Cette activité a duré pendant quelques années aussi. De plus, j'ai tenté d'organiser des groupes d'étude à domicile. Durant la même période, l'association des femmes a aussi organisé avec moi des séances d'étude talmudique. De plus, en collaboration avec

le rabbin Frank, j'ai animé plusieurs déjeuners-causeries le dimanche. Dans le cadre de ces réunions, on accueillait des invités qui donnaient des causeries sur des sujets d'actualité et d'intérêt général.

En 1981, la Congrégation s'est multipliée. A cette date, nous comptions entre 500 et 600 membres. La raison majeure de cette croissance était l'arrivée de la population Séfarade dont la présence se faisait ressentir et dont la responsabilité était d'assurer l'avenir de la Congrégation.

LA PRÉSENCE IRAKIENNE

Les juifs d'origine irakienne sont descendants de la communauté juive babylonienne qui a survécu pendant plus de 2,500 ans. Babylone a été la source de dirigeants très connus, de prophètes et d'hommes sages. De plus, Babylone a produit les oeuvres écrites les plus importantes de notre histoire. Ezra le scribe est retourné de Babylone à Jérusalem durant le 5ème siècle av. J.-C pour aider à reconstruire la ville pendant la période suivant sa première destruction par les babyloniens en 586 av. J.-C. Ezra a entraîné une génération de scribes à transcrire les écritures saintes et les interpréter. Ces érudits ont voyagé dans diverses communautés de la Diaspora. Puisque ces communautés de la Diaspora interprétaient la Torah de la même façon que Jérusalem et puisqu'elles possédaient les mêmes traditions, elles ont réussi à maintenir des liens et des croyances puissantes avec Jérusalem et les autres juifs. Les séances hebdomadaires d'étude de la Torah sont le fruit de leur travail, grâce auquel nous avons reçu l'appellation de "peuple qui suit le livre", ou bien comme les arabes nous appelaient, "le peuple du livre".

Les juifs Babyloniens ont une grande tradition de dirigeants. Les Babyloniens avaient capturé le roi, la famille royale ainsi que plusieurs aristocrates de la Judée en 586 av. J.-C. Lorsque ces derniers furent libérés, ils constituèrent la classe dirigeante de la société juive babylonienne pendant des centenaires. Les juifs réclamèrent ce statut grâce au droit d'héritage naturel comme descendants directs du roi David.

Les juifs se déplaçaient souvent de Babylone en Judée durant la fin de l'antiquité. Cependant, les deux destructions romaines de 70 A.D. et 135 A.D. ont forcé beaucoup de juifs à s'enfuir à Babylone, loin du règne romain et plus près du domaine persan. Quelque temps après, les Mishnah du Rabbin Judah, une collection de traditions légales de la Palestine publiées vers l'an 200 A.D., était acheminée vers Babylone et c'est là que cette oeuvre devint une importante source d'éducation dans les grands centres académiques. 500 ans de commentaires et d'interprétations ont fini par être organisés dans le Talmud Babylonien.

Avec la conquête du Moyen Orient, durant les septième et huitième siècles, ce Talmud devint la base de la loi juive et de la pratique des juifs à travers le monde. De Bagdad, la ville principale de l'empire musulman, les académies juives déjà établies là-bas commencèrent la pratique de répondre aux questions religieuses et légales des juifs qui habitaient partout dans la Diaspora. Des milliers de ces docu-

ments existent toujours et révèlent une vie magnifique durant le Moyen Age. Les rabbins de Bagdad ont fourni aussi l'orientation nécessaire sous forme de sages qui étaient envoyés dans diverses communautés en tant que représentants spirituels et ont établi les codes religieux pour les juges de la région ainsi que le premier livre de prières dans l'histoire du judaïsme.

A travers les centenaires, les juifs s'intégrèrent très bien dans le monde arabe qui était encore très tolérant envers eux. Un de nos membres, le célèbre écrivain Naim Kattan O.C., a souvent déclaré que sa communauté se considérait souvent comme juive arabe, de la même façon que les juifs se considéraient comme américains ou européens. Ce sens d'appartenance ne s'est cependant pas répandu parmi tous les juifs des pays arabes. Les juifs marocains, par exemple, ne se qualifiaient pas comme juifs arabes.

La position des juifs du Moyen Orient en général et des juifs irakiens en particulier est devenu difficile avec la montée du colonialisme et du nationalisme ainsi que la concurrence pour le pouvoir parmi les pays européens. Les juifs ont commencé à quitter l'Iraq et la Syrie au début du siècle. L'indépendance par l'Iraq de l'occupation britannique se concrétisait en 1932. L'hostilité contre les juifs, les lois et les obstacles érigés contre les juifs étaient très nombreux. Cependant, ce n'est que lors de la seconde guerre mondiale que les conditions en Iraq s'empirèrent. Les Allemands encourageaient les irakiens à prendre leur indépendance des britanniques, ce qui a produit une très forte propagande anti-juive. Durant Shavuot 1941, des émeutes contre les juifs se sont déclarées. Ces émeutes étaient connues sous le non de farhoud. Des centaines de juifs furent torturés et assassinés, des synagogues furent détruites et des maisons furent pillées par des foules enragées alors que les autorités gouvernementales n'ont rien fait pour les arrêter. Finalement, les britanniques, que plusieurs soupçonnaient avoir manigancé ces événements, sont intervenus.

La vie juive commençait alors son déclin. Plusieurs de nos membres se souviennent que durant ces années il était difficile de continuer à éduquer les enfants dans les écoles juives, plusieurs jeunes hommes n'avaient pas fait leur Bar Mitzva et ne connaissaient pas beaucoup d'hébreux ou bien mais n'en connaissaient pas du tout. Comme l'Iraq était fermement contre l'établissement de l'état d'Israël en 1948, la vie juive devint impossible. Plus de 125,000 personnes commencèrent à rechercher une nouvelle vie que plusieurs trouvèrent en Israël alors que d'autres vinrent à Montréal. D'après ce qui est raconté, Montréal ne devait jamais être une destination permanente. Pour certains, ce devait être simplement un arrêt temporaire avant d'aller à New York. Montréal était l'endroit où ces gens venaient attendre leur permis d'entrée aux États Unis. Cependant, ces permis n'étaient pas faciles à obtenir. De toute façon, les quelques familles arrivées ici ont bien aimé la ville et ont décidé d'y rester. Elles ont alors encouragé leurs parents à les rejoindre ici. Au début des années 1950, la communauté a commencé à se former et son caractère a été bâti par

ces circonstances bien particulières. La communauté irakienne à Montréal continue d'être aujourd'hui, en grande partie, une communauté familiale. Presque tous les membres sont parents d'une façon ou de l'autre, par alliance bâtie tout au long des 40 dernières années dans une communauté où les membres se mariaient entre eux. Cette communauté est aussi une communauté qui a un taux de rétention assez élevé. Très peu de membres ont quitté ou ont été impliqués dans des mariages mixtes. Durant la dernière décennie, beaucoup plus de conjoints ont été choisis parmi des juifs canadiens, Séfarades et Ashkénazes.

La communauté de juifs irakiens comprenait également un petit nombre de juifs bulgares, grecs et yougoslaves qui avaient fui l'invasion des Nazis. La communauté s'est établie d'abord dans la synagogue Young Israël de Montréal. Des services hebdomadaires du Sabbat s'y déroulaient ainsi que des services durant les fêtes et les festivals. Cependant, la religion n'était pas la priorité de tout le monde.

D'après ce que l'on m'a raconté, presque tout le monde en Iraq assistait régulièrement aux services du Sabbat. Cependant, à cause d'un mouvement de sécularisation qui a débuté durant les années 1920, plusieurs ont commencé à négliger la pratique de la religion. Les jeunes hommes étaient envoyés en Europe, en Inde, ou bien aux États Unis pour étudier. Lorsqu'ils revenaient chez eux, ils étaient ancrés dans leur nouveau style de vie non-religieux qu'ils avaient appris dans l'Ouest.

A leur arrivée en Amérique du Nord, plusieurs d'entre eux devaient s'ajuster à la nouvelle réalité d'ici. Quelques familles avaient eu l'avantage de réussir à apporter ici avec eux une portion de leurs richesses en affaires. D'autres moins chanceux avaient laissé en Iraq toute leur fortune que le gouvernement à cette époque avait confisquée. Leurs capacités et connaissances en tant que commerçants leur a permis de prospérer. Leurs enfants furent éduqués en vue de suivre leurs traces et travailler dans des entreprises et professions diverses. La communauté commençait à être à l'aise.

Durant cette période, l'élément religieux était souvent négligé. En Iraq, comme dans le monde arabe en général, il n'existait aucune expérience dans un monde démocratique ouvert. Les juifs étaient isolés des non-juifs, le danger d'assimilation était à peu près inexistant, très peu de juifs se convertissaient à l'Islam et un musulman ne devenait jamais juif. Le Judaïsme se propageait par la participation de tous les membres aux rituels et l'exclusion totale des non-juifs. Les irakiens, comme leurs confrères en provenance des autres pays arabes, étaient mal préparés à surmonter les défis de la société canadienne dans laquelle ils avaient parachuté. Il était donc inévitable, dans une pareille société multiculturelle et tolérante, d'observer la présence de pressions et anxiétés à l'encontre des valeurs culturelles et traditionnelles que les nouveaux venus avaient connues auparavant.

Certains dirigeants de la communauté ont alors réalisé que la synagogue était un centre important pour maintenir l'identité de la communauté. D'autres se

sont rendus compte que le système scolaire juif faciliterait la création d'une identité judaïque solide et fournirait un moyen de bien éduquer les enfants, tout en permettant également de développer des relations avec d'autres communautés juives à Montréal.

La réalisation que le Canada est un pays différent de l'Iraq avait débuté et il fallait établir des nouvelles stratégies pour assurer la survie de la communauté. De plus, la réalisation que la communauté des juifs Séfarades ne pouvait plus espérer de construire et maintenir sa propre synagogue s'est concrétisée. L'accueil offert par la synagogue de Young Israël était seulement temporaire et la question suivante s'est alors posée: est-ce une bonne idée de s'isoler de la totalité de la communauté juive?

Au sujet d'une certaine association, Harone Kattan et Albert Shahmoon – avec le support de Haham Gaon - du côté irakien ont alors commencé des discussions avec la Congrégation Spanish et Portuguese. Le représentant de notre Congrégation, A.J. Rosenstein, vice président exécutif de la synagogue, a alors amorcé des discussions avec les membres de la nouvelle communauté irakienne. Un accord a été rapidement conclu. Les irakiens allaient bientôt devenir membres de la Congrégation et pouvaient venir prier à la synagogue sur une base régulière. Pour les fêtes et autres occasions, ils pouvaient organiser leurs propres services.

Des noms irakiens ont commencé à apparaître sur la liste des membres de la synagogue et le conseil d'administration. Grâce à un généreux don de la part des familles Khedouri et Ezra Lawee, alors dirigeants distincts de la communauté, une nouvelle salle de fête a été construite en 1967. A cette période, un fonds de famille fut aussi établi pour en faire l'entretien. Durant les années 1970, la famille Mashaal a dédié le sanctuaire de la synagogue principale à ses parents, feu Menashi et son épouse Simha, décédée depuis quelques années seulement. De magnifiques torahs irakiennes embellissent maintenant les arches du sanctuaire Mashaal ainsi que celles de la chapelle Horace Joseph. Grâce à eux, les arches d'alliance dans le sanctuaire de la famille Mashaal et la chapelle Horace Joseph contiennent maintenant de beaux manuscrits irakiens.

Le rabbin Abdullah Hillel s'asseyait à côté du rabbin Frank et d'autres membres du clergé sur la tebah et ils lisaient souvent des parties de la Torah, ce qui apportait beaucoup d'enthousiasme aux prières, surtout durant Simha Torah. La présence des irakiens à la synagogue était devenue un fait accompli.

Malheureusement, plusieurs des grands dirigeants de la communauté irakienne étaient décédés avant mon arrivée à la synagogue. Je n'ai donc pas eu le plaisir de faire la connaissance de grands dirigeants comme Khedoudri Lawee, Albert Shahmoon et Menashi Mashaal. Cependant, mes relations avec Ezra Lawee, Rabbi Hillel, Harone Kattan, Mme Mavis Shahmoon et plusieurs autres membres de la communauté m'ont permis de comprendre la communauté et son fonctionnement et de connaître son histoire.

Depuis son implantation à Montréal et sa participation à la Congrégation, la communauté irakienne a su développer la confiance nécessaire ainsi que la continuité lui permettant de surmonter les difficultés que doit surmonter toute nouvelle communauté. La communauté irakienne a su préserver plusieurs valeurs traditionnelles, telles le respect des parents et des aieux, la solidarité avec ceux qui sont en deuil, le support des membres de la communauté qui sont gravement malades ainsi que la générosité envers les pauvres. Les célébrations de mariage sont des occasions très chics et joyeuses.

Depuis quelques années, nous avons vu un retour à l'intérêt religieux et la pratique des coutumes religieuses parmi les jeunes membres de la communauté. Leur implication et leur zèle dans certains cas encouragent même leurs parents à retrouver les anciennes coutumes et pratiques.

Plusieurs membres de la communauté siègent sur divers comités organisateurs de festivités durant les fêtes de Purim et Hannoukha. La chorale de la synagogue compte des jeunes garçons irakiens parmi ses chanteurs. Ils organisent des conférences de toutes sortes et invitent des spécialistes à venir traiter divers sujets, comme des groupes d'études qui se réunissent deux fois par mois pour discuter divers aspects de l'histoire juive, des rituels, de l'interprétation de textes ainsi que de la philosophie du judaïsme. Ces réunions reflètent l'intérêt accru qui s'est développé chez les membres de la communauté ainsi que le retour aux valeurs spirituelles de leurs ancêtres qui pourront enrichir leurs vies et les aider à établir une communauté solide.

En 1981, Harone Kattan devint le premier président irakien de la Congrégation. Avec la collaboration de David H. Kauffman, qui agissait comme vice-président exécutif de la Congrégation, ils ont réussi ensemble à créer dans la Congrégation une multitude d'activités à divers niveaux.

De plus, Naim Levy, vice-président et membre du comité pendant plusieurs années, a créé un programme pour l'établissement de fondations qui a pu garantir la survie économique de la synagogue. Harone Kattane est aussi l'un des dirigeants de la communauté les plus remarquables que j'ai jamais rencontré. Il est très respecté par tous les membres de la communauté irakienne ainsi que par d'autres membres de la Congrégation et de la communauté juive. Grâce à un mélange de sagesse, de diplomatie, de gracieuseté et d'éloquence dans ses discours, il a su inspirer et faire réfléchir les membres de la communauté. Son leadership, sa dévotion et son enthousiasme ont joué un rôle prépondérant dans l'intégration de la communauté dans la Congrégation et sa contribution à d'autres communautés.

En 1984, David H. Kauffman a succédé à Harone Kattan à titre de Président de notre Congrégation et, grâce à sa bienveillance et sa grande expertise, les activités ont continué à augmenter. D'autres irakiens furent nommés au comité exécutif: Alfred Lawee devint président entre 1988 et 1991, Evette Mashall, Edna Mashaal ainsi que Joseph Iny apportèrent beaucoup d'idées et d'énergie à l'organisation de la Synagogue.

Durant la présidence d'Alfred Lawee, Victor Mashaal devint vice-président et Edward Ezer devint membre de l'exécutif. Aujourd'hui, Victor Mashaal est devenu président de la Congrégation. Sa sagesse et son courage seront très utiles pour l'avenir de la Congrégation car beaucoup de nouvelles décisions devront être prises durant les prochaines années concernant l'avenir et la croissance de la communauté et de la Congrégation. Anwar Shabin, le vice-président actuel de la Congrégation, a consacré beaucoup de temps au service de la communauté et de la Congrégation. Très énergique, il a su soutenir beaucoup de programmes et a ajouté plusieurs familles à la liste des membres de la Congrégation. Grâce à son dévouement, il a guidé les membres alors qu'ils passaient des moments difficiles et a aidé durant les prières aux fêtes de Rosh Hashannah et Yom Kippur. Ses efforts sont très appréciés par ses amis et admirateurs; il est un atout pour la Congrégation.

Un autre membre indispensable de la Congrégation a été le rabbin Abdullah Hillel qui a joué un rôle important dans l'intégration de la communauté irakienne. On lui avait donné le surnom de "Abu Abie", selon la coutume du Moyen Orient de donner au père le nom de son fils aîné. En Iraq, il était un commerçant qui, même s'il n'avait pas été officiellement nommé rabbin et n'avait pas le droit d'officier comme rabbin dans la communauté, avait de grandes connaissances du Talmud et de la Kabbalah et pouvait diriger des prières et des lectures de la Torah. Il connaissait les traditions de sa communauté. Abu Abie avait les qualités de dirigeant. Il était patient, malgré sa préoccupation face à la baisse d'intérêt religieux. Il savait que les conditions ici étaient très différentes de celles du pays d'origine. Nous avions discuté divers sujets à plusieurs reprises et durant ces entretiens, il avait exprimé sa reconnaissance face à mes efforts pour diriger son peuple et la Congrégation. J'étais fort surpris de sa préoccupation en faveur d'activités religieuses menées par les femmes. Il était très heureux lors de l'introduction de la cérémonie de Bat Mitzvah en 1976 car il croyait qu'il était essentiel que les femmes puissent avoir des groupes de prières. Je lui serai toujours endetté pour sa vision de la communauté qu'il a partagée avec moi. Il représentait, pour sa communauté ainsi que pour moi, le chaînon reliant l'ancienne tradition avec la nouvelle. Sa présence parmi nous, jusqu'à sa mort en 1985, a permis à la communauté de s'adapter et de s'ajuster à la transplantation de milieu.

Toutes les personnalités nommées ci-dessus ont joué un grand rôle dans la vie de la synagogue et nous ont aidé dans notre cheminement jusqu'à aujourd'hui. Nous pouvons trouver un nouveau refuge dans notre communauté car ces membres se trouvent maintenant chez eux. La Congrégation a en retour su fournir une direction généreuse ainsi qu'un ferme soutien à tous les programmes et activités qui s'y déroulaient. Maintenant que nous entrevoyons l'avenir, nous pouvons être certains que leur présence et leur participation constituera un facteur majeur dans la vie de la Congrégation.

LA PRÉSENCE DES MAROCAINS

Les juifs qui vivent au Maroc et l'Afrique du Nord depuis plus de deux mille ans ont une tradition qui leur est propre puisqu'ils ont appris beaucoup des Romains, des Berbères et ensuite grâce aux conquêtes arabes et de l'islamisation des terres occupées. Durant le Moyen-Age, ils ont été influencés au nord par la communauté espagnole, à partir de 1391 lorsque les attaques anti-juives débutèrent, jusqu'en 1492 lors de l'expulsion des juifs espagnols, et beaucoup de juifs espagnols se sont réfugiés en Afrique du Nord. Pour la plupart, ils se sont installés dans les villes côtières et ont exercé une grande influence sur la population juive du pays. Plus tard, les deux populations juives furent complètement intégrées, ce qui explique la grande identification des juifs de l'Afrique du Nord avec les espagnols et la tradition Séfarade.

L'influence coloniale française a débuté durant le milieu du 19e siècle lorsque l'Algérie a été annexée et francisée. A ce moment-là, les marocains nationalistes accusaient les juifs de vouloir aider la France à contrôler le Maroc afin que les juifs marocains, tout comme leurs confrères algériens, puissent profiter des droits et de la citoyenneté qu'offrait la France à ce moment-là, mais la paix est éventuellement revenue et a continué jusqu'à la deuxième guerre mondiale. La courte occupation du Maroc par les allemands a causé la déportation d'environ 10,000 juifs aux camps de concentration. Les déportations cessèrent dès l'arrivée des forces américaines.

Durant la période d'après-guerre, le

Maroc obtint son indépendance. Les juifs ont maintenu d'excellentes relations avec le roi Mohamad V, tout comme ils continuent de le faire avec son fils, le roi Hassan. Cependant, les courants nationalistes étaient présents dans l'air. La propagande arabe anti-Israël semait la crainte et au début des années 1950, les juifs marocains ont commencé leur exode.

Comme beaucoup d'entre eux avaient une orientation sioniste, plusieurs sont allés en Israël. Certains se sont réfugiés en France alors que d'autres, voulant vivre aussi dans des sociétés francophones, se sont dirigés vers Montréal. Plus tard, d'autres marocains suivirent en plus grand nombre, particulièrement durant les années 1960 et 1970. Les chiffres de la population marocaine vivant maintenant à Montréal varient mais on estime que leur nombre est 20,000 individus.

Cependant, leur arrivée à Montréal ne s'est pas faite sans difficultés et défis. Ils arrivaient dans une communauté juive qui venait d'intégrer des juifs en provenance de l'Europe de l'Est ayant fui les camps de concentration et la domination des Nazis. Ces immigrants parlaient le yiddish, le polonais, le roumain et le hongrois. Rares étaient ceux qui avaient une connaissance du français. Malgré cela, la communauté existante considérait les marocains comme des frères, nonobstant le fait que pendant les deux derniers siècles, il n'y avait pas eu de contact entre les communautés Séfarades et Ashkénazes. Elles étaient séparées par des distances très vastes. Même les québécois remarquaient la différence existant entre ces deux commu-

nautés et avaient donné aux marocains l'appellation de "juifs-catholiques" car ils n'avaient jamais auparavant rencontré de juifs francophones.

Parmi les nouveaux arrivés, il y avait des jeunes hommes qui étaient venus défricher le terrain avant l'arrivée des familles. C'était une tendance qui existait depuis un siècle chez les juifs Ashkénazes et autres groupes d'immigrants. Comme plusieurs de ces jeunes arrivés ne pouvaient pas s'identifier à la population juive qui existait à Montréal, ils se sont intégrés à la population québécoise. Malheureusement, les conséquences de ces pratiques furent extrêmement fâcheuses car elles causèrent beaucoup de mariages mixtes entre les juifs marocains et les québécois. Souvent les partenaires non-juifs se convertissaient au judaïsme mais tout de même, cette pratique a occasionné la perte de plusieurs nouveaux arrivés. Heureusement, grâce à l'augmentation des immigrants d'origine marocaine et l'établissement des institutions marocaines, ce fléau a commencé à diminuer. Aujourd'hui, il existe diverses communautés et organisations marocaines ainsi que diverses synagogues marocaines qui assurent la survie de la vie judaïque basée sur des traditions Séfarades maghrébines.

Depuis leur arrivée au Canada, quelques familles marocaines se sont associées à la Congrégation de la synagogue Spanish et Portuguese. Ralph Lallouz, grâce à l'amitié qu'il avait liée avec Harone Kattan, a adhéré à la Congrégation. Lorsque le poste de hazan s'est libéré en 1967, André Amiel a suggéré la candidature de Salomon Amzallag, un chanteur et compositeur Nord-Africain bien connu. Après une audition, il a été embauché et a occupé ce poste jusqu'en 1984.

Lors de mon arrivée en 1970, Hazan Amzallag est devenu mon conseiller personnel sur les coutumes et la musique des juifs marocains. Hazan Amzallag était un musicien superbe qui avait souvent chanté pour le roi et qui chantait dans divers concerts à travers le monde. Il m'a révélé la richesse des traditions musicales marocaines avec leur énorme collection de piyyutim (poèmes religieux) chantés lors du Sabbat durant les diverses festivités et à toutes les occasions spéciales célébrant les différentes étapes de la vie. La musique qu'on jouait dans leurs synagogues ressemblait aux mélodies hispano-portugaises d'autrefois. Cependant, son rythme était plus oriental. Afin d'accueillir les familles marocaines qui fréquentaient maintenant la Congrégation, nous avons commencé à introduire plusieurs de ces chants et mélodies. Je n'oublierai jamais mon enchantement et l'inspiration que j'ai ressentie à entendre ces superbes mélodies durant l'après-midi du Sabbat avant Arbit. Ces chants constituent, selon moi, l'un des points saillants de notre service du Sabbat à la synagogue.

L'arrivée des familles marocaines dans notre Congrégation souleva la question de l'usage du français dans la vie quotidienne de la synagogue. La commu-nauté marocaine avait procédé à un processus de francisation plusieurs décennies avant son exode du Maroc. Cependant, il était évident que les membres de la vieille génération ne parlaient en majorité que l'arabe et parfois même le berbère. Mais, pour la plupart, le français était devenu la première langue de communication, ce qui les avaient encouragés à venir s'installer à Montréal.

J'étais bien chanceux d'avoir choisi d'étudier le français au secondaire et à l'Université Yeshiva sans toutefois m'en servir. Maintenant, je me retrouvais parmi une communauté de juifs qui étaient pour la plupart unilingues français. J'ai réussi à faire un sermon en français à l'occasion de Shavuot, durant le printemps de 1973. A ce moment-là, mon discours fut très bien reçu, ce qui m'a beaucoup encouragé, et j'ai décidé de poursuivre mon travail dans cette direction. Maintenant, toutes les annonces d'activités qui se déroulent à la synagogue sont affichées en français et en anglais. De plus, lorsque je peux le faire, j'introduis quelques mots d'arabe dans mes discours. Même si plusieurs des familles marocaines qui fréquentent notre Congrégation sont bilingues, elles apprécient mes efforts ainsi que ceux des autres dirigeants de notre synagogue afin de communiquer avec les membres qui ne sont pas bilingues.

Nous comptons parmi nos membres environ 130 familles marocaines qui sont la base de la vie religieuse dans la Congrégation. Ce sont ces familles qui continuent à nous donner les membres du clergé: Hazan Yehuda Abittan, Shamash Meyer Sebbag, et le superviseur du kashrut Meyer Dahan. Sans la présence marocaine, il aurait été impossible d'avoir des services de prières le matin et le soir. Le service du Sabbat a été introduit dans tous les aspects de la vie religieuse. Parmi les marocains juifs que j'ai rencontrés, certains d'entre eux étaient parmi les plus pieux que j'ai jamais rencontrés. Certains personnages se distinguent dans mon esprit pour leur croyance et leur profonde intégrité. Il s'agit de Moise Fhima, Mimoun Kalfon et Meyer Dahan qui sont tous maintenant décédés. Grâce à eux, j'ai réussi à comprendre le passé des juifs marocains, l'intensité démontrée lorsqu'ils prient, la férocité de leur enthousiasme lors des célébrations de mariage ou de brith milah, leurs chants ainsi que leur nourriture fantastique qui ont enrichi ma vie ainsi que la vie de la Congrégation et de toute la communauté juive.

Durant l'été de 1986, j'ai voyagé au Maroc et j'ai participé au mariage du Hazan Abittan. A cette époque, la communauté juive ne comptait que quelques milliers de juifs par rapport aux centaines de milliers qu'elle comptait auparavant. Cependant, les gens qui sont restés au Maroc mènent une vie paisible et heureuse. Lorsque j'ai visité les anciennes mellahs juives de Marrakech et Casablanca, j'ai vu les anciens vestiges de cette grande communauté. Les scènes et les sons, les goûts et les odeurs m'étaient tous familiers grâce à l'enseignement que j'avais reçu de la part des membres de la Congrégation.

Les membres marocains sont entièrement intégrés dans la communauté et préfèrent prier dans le sanctuaire Mashaal durant toute l'année. Cependant, durant les grandes fêtes, nous continuons à offrir un service de type marocain tant aux membres qu'aux non-membres. Depuis plusieurs années, ce service est

Rabbi Yehuda Abbitan
1984 - présent

officié par Simon Amar avec l'assistance d'autres membres. Ce service fait intégralement partie de la grande variété de services offerts à la synagogue lors des grandes fêtes.

Cette nouvelle addition joue un rôle important dans l'administration de la synagogue. Albert Bitton et Marc Mechaly sont membres du comité exécutif. Le grand orateur Salomon Benbaruk, un ancien dirigeant de la communauté, est lui aussi une source d'inspiration. Moise Harrosch, descendant de famille rabbinique, a pendant plusieurs années rempli la fonction d'assistant Parnass, alors que d'autres sont administrateurs et siègent sur divers sous-comités. La chorale de la Congrégation est dirigée par Eyal Bitton et on y compte plusieurs jeunes garçons d'origine marocaine. Plusieurs d'entre eux aident le Hazan à diriger les prières et à lire la parasha et la haftara. De plus, à l'occasion du Sabbat pour les

87

jeunes qui se déroule annuellement avant la fête de Purim, ils y jouent un rôle prépondérant. Leur présence et leurs accomplissements sont un grand atout à notre Congrégation et notre communauté.

LA PRÉSENCE DES LIBANAIS – MAGHEN ABRAHAM

Beyrouth et le Liban, historiquement, possédaient une ancienne communauté juive composée de plusieurs éléments comprenant ce qui restait de la colonie juive-palestinienne, mélangée avec des juifs espagnols arrivés au Liban via la Turquie ainsi que des juifs récemment arrivés d'Égypte et de Syrie (comprenant traditionnellement le Liban) et de ceux qui avaient quitté l'Iraq. Les coutumes religieuses et les chants religieux de la communauté juive syrienne étaient apparents.

Durant la fin des années 60, quelques familles libanaises sont arrivées à Montréal de Beyrouth au Liban, malgré que la ville n'était pas encore en déclin et qu'il n'y avait pas encore les tensions qui se développèrent plus tard durant la guerre civile. A cette époque-là, Isaac Guindi, Aaron Hasson et Haim Helwani étaient arrivés du Liban et avaient pris place à la synagogue. Petit à petit d'autres personnes sont arrivées comme Moise Bassal et Albert Mann. Ceci constituait le début de l'arrivée de la petite communauté libanaise à Montréal qui, par la suite, s'organisa et créa l'Association Communautaire Libanaise de Maghen Abraham.

La guerre qui éclata en 1975 amena la fin de Beyrouth, ville qui était connue partout dans le Moyen-Orient comme "le Paris ou le Genève du Moyen-Orient" surtout parce qu'on y trouvait, tant en affaires qu'en société, l'élégance et le dynamisme qui existaient en Europe. Montréal compte environ 100 familles qui sont arrivées après 1975 et surtout après 1978 lorsque la guerre battait son plein.

L'association Maghen Abraham fut créée grâce aux efforts de Selim Mohgrabi. Fils de rabbin, il est devenu, par ses efforts et son intelligence, un avocat bien connu dans la communauté juive et dans toute la ville de Beyrouth. Lors de son arrivée à Montréal, Selim est retourné aux études et a établi un cabinet de droit à Montréal. En même temps, entouré par un groupe d'amis qu'il connaissait de Beyrouth et avec leur aide et leur soutien, il a organisé l'association Maghen Abraham dont le nom a été choisi pour assurer la survie de la tradition libanaise pratiquée à Maghen Abraham, la grande synagogue de Beyrouth.

Ainsi prit naissance, au sein de notre Congrégation, l'association Maghen Abraham qui commença à célébrer les grandes fêtes dans divers locaux. Notre Congrégation, dirigée par Harone Kattan et David H. Kauffman et avec mon encouragement, a tendu le bras à l'association Maghen Abraham pour l'inviter à utiliser nos facilités. Nous lui avons offert notre chapelle pour le service hebdomadaire du matin du Sabbat et la salle Montefiore pour les grandes fêtes. Emile Khadoury, avec l'aide d'autres membres, assure le hazzanut et les prières durant le Sabbat et les fêtes.

Grâce aux efforts faits par les dirigeants de la communauté libanaise, l'association Maghen Abraham a réussi à réunir plusieurs familles qui étaient en danger de perdre leur identité et le lien

LE PRÉSENT -
LES DIFFÉRENTS MEMBRES

avec leur ancienne communauté. Maghen Abraham comprend aussi plusieurs égyptiens qui ont les mêmes habitudes que les Libanais mais qui, malgré leur arrivée plusieurs années plus tôt et leur grand nombre, n'avaient pas réussi à organiser une association comme Maghen Abraham. Parmi ces égyptiens, on a retrouvé des anciens membres de la Congrégation qui avaient joint d'autres synagogues Séfarades ou Ashkénazes mais qui, pour la plupart, s'étaient perdus et avaient été assimilés depuis leur arrivée au Canada en 1956 après la crise du Canal de Suez.

A l'heure actuelle, environ 30 familles libanaises sont membres de notre Congrégation. C'est un groupe dynamique qui organise ses propres activités et contribue énormément à la gestion de la synagogue. Selim Moghrabi, en plus d'être président de Maghen Abraham, a siégé pendant sept ans comme vice-président exécutif de la Congrégation; Victor Guindi est depuis plusieurs années trésorier; Albert Mann, Moise Bassal et Selim Sasson ont tous trois siégé au conseil d'administration et au conseil de la direction. Eli Romano, un membre très dévoué de Maghen Abraham, est toujours disponible pour aider dans les divers projets de la synagogue. De plus, plusieurs femmes collaborent à l'organisation de divers projets et événements. Ils sont tous des gens qui travaillent très fort et, grâce à leur dévouement et leur enthousiasme, ont su créer une communauté qui forme partie intégrante de notre Congrégation.

Parmi nous, certains sont descendants de familles fondatrices qui ont dominé notre histoire depuis 200 ans. D'autres font partie de la vieille communauté Ashkénaze d'origine canadienne ou bien de survivants de l'Holocauste et des communautés européennes détruites lors de l'Holocauste. Nous avons même parmi nous des ex-citoyens américains qui, comme moi-même, comptent quatre générations d'expérience américaine.

Grâce à cette grande variété parmi les membres de la Congrégation et la diversité de leurs traditions, j'ai beaucoup appris dans les domaines du folklore, des proverbes, de la musique ainsi que des délices culinaires. Grâce à cette multitude ethnique, j'ai pu augmenter ma connaissance et mon appréciation de l'histoire juive. Nous avons réussi à bâtir une communauté Séfarade très distincte. Nous n'avons pas adopté la musique et les coutumes purement Séfarades mais des coutumes Séfarades universelles comprenant la musique de plusieurs groupes Séfarades. Certains échos de coutumes Ashkénazes continuent à être incorporés comme l'insertion de Unétanne tokef à Rosh Hashanah et Yom Kippour. Naturellement, c'est le hazan qui joue un rôle prédominant dans le choix de la liturgie. Hazan Abittan, quoique d'origine marocaine et à l'aise avec les traditions et la musique marocaine, fait constamment des efforts pour puiser dans plusieurs des traditions Séfarades. Eyal Bitton, directeur de la chorale et fervent étudiant de la musique, est toujours prêt à faire une suggestion dans ce domaine.

PORTRAIT DE
LA VIE QUOTIDIENNE
DE LA CONGRÉGATION

Une esquisse de la vie quotidienne de notre Congrégation pourrait comprendre plusieurs aspects de la vie religieuse, éducative, sociale et administrative.

ASPECTS RELIGIEUX

Les prières du matin et du soir ont lieu à tous les jours dans la chapelle Horace Joseph. Cependant pour le Sabbat, les prières se font dans le sanctuaire Mashaal qui peut contenir environ 400 personnes (ce chiffre est une augmentation par rapport aux 150-200 lors de mon arrivée). Les membres de Maghen Abraham, quant à eux, se réunissent dans la chapelle Horace Joseph pouvant contenir 75 hommes et femmes. Une Congrégation d'enfants suit et les enfants participent aux prières dans la grande synagogue à la fin des dévotions. Un kiddush hebdomadaire suit les services du Sabbat et permet à nos membres de faire connaissance et bavarder avant de rentrer chez eux. Durant les grandes fêtes, quatre services parallèles ont lieu à la synagogue regroupant ainsi plus de 2000 personnes. Le sanctuaire Mashaal contient au-delà de 500 sièges et les autres personnes se tiennent debout en silence de temps à autre. Pour Kol nidre et Neila, il y a environ 800 participants. Un service iraquien se déroule dans la salle Lawee qui peut contenir 500 personnes. Maghen Abraham accueille environ 400 fidèles dans la salle Montefiore. La chapelle Horace Joseph, où se déroule un service Nord-Africain, contient à elle seule environ 120 personnes. Naturellement, ces chiffres peuvent augmenter de temps à autre. Chaque espace libre est utilisé pour accueillir les fidèles durant les fêtes. Les membres participent beaucoup durant les fêtes. La salle Mashaal est presque toujours remplie, jour et nuit, lorsque tous les croyants participent au service. Durant Soukkot, la prière est toujours suivie d'un kiddush extravagant qui a lieu dans notre belle sukkah en l'honneur des nouveaux mariés. Pendant plus de 20 ans, on a préparé un déjeuner de famille à l'occasion de Soukkot, durant Hol hamoed, auquel sont présentes environ 200 personnes. Le soir de Simhat Torah est un événement heureux qui réunit une centaine de personnes qui viennent célébrer hakafot avec enthousiasme en dansant et chantant et des femmes passent la Torah dans leur section tout en dansant dans le couloir. C'est une excellente façon de conclure la saison des fêtes célébrées en automne. La fête de Purim est aussi populaire. Plusieurs personnes viennent à la synagogue pour écouter la lecture de la Megillat d'Esther qui est suivie le dimanche après-midi d'une célébration qui attire beaucoup de gens. Pendant Hanoukah, une célébration semblable est organisée. Souvent, le deuxième Seder de la fête de Pâques est célébré à la synagogue avec la participation de la communauté iraquienne. Récemment, on a ajouté la célébration de Lag Baomer et la commémoration d'une Hiloula à la mémoire du rabbin Simeon Bar Yohai. Cette célébration est importante dans la tradition marocaine et procure beaucoup de plaisir à nos membres.

Chaque matin et soir de la semaine, les croyants contribuent en argent à notre tsedakah. Ces montants sont ajoutés aux donations reçues, sont incorporés à notre fonds de charité et sont employés pour aider les familles et les personnes pauvres. Je suis très satisfait de la générosité de plusieurs de nos membres qui ont donné abondamment aux gens moins fortunés qu'eux. Plusieurs membres m'ont souvent approché pour offrir des dons généreux qu'ils m'ont prié de garder anonymes.

Jeune "bar mitzvab", tradition nord africaine

Chaque année, notre synagogue accueille plusieurs mariages et Bar Mitzva. Les mariages ont lieu dans le sanctuaire Mashaal sous la très belle nouvelle huppah, décorée à l'orientale. J'ai suggéré qu'elle soit décorée de cette façon après mon voyage au Maroc. La huppah a été assurée grâce au patronage de Victor et Rita Guindi et a été construite par Haim Fhima, un résidant menuisier ébéniste bénévole. C'est lui aussi qui a construit la nouvelle huppah qui se trouve dans la chapelle Horace Joseph en honneur du 50ième anniversaire de mariage de Kamal et Marcelle Bekhor. De plus, il a construit une très belle Kisseh Eliyahou employée pour les Berit milah et parrainée par Kamal et Sue Gabbay. Tous ces nouveaux meubles ont ajouté de l'élégance aux cérémonies qui célèbrent les différents cycles de la vie.

La Congrégation a toujours maintenu un cimetière pour ses membres. Une visite au cimetière nous permet de voir une véritable récapitulation de l'histoire de la Congrégation et de la communauté juive à Montréal. Les noms et dates des personnes bien connues ressortent des pages de l'histoire.

Aujourd'hui, nous devons nous occuper de quelques vingt sépultures par année et entretenir plusieurs autres lots qui sont réservés par nos membres pour usage futur. En 1986, des planifications pour l'avenir ont été faites par l'achat d'un nouveau cimetière à l'ouest de la ville dans la communauté de Beaconsfield, en association avec d'autres Congrégations montréalaises. Cette superficie est maintenue en réserve. Nous espérons ne pas en avoir besoin de si tôt.

ACTIVITÉS SOCIALES & ÉDUCATIVES

Au cours des années, plusieurs efforts ont été déployés afin d'organiser des activités sociales pour nos membres. Ces activités comprenaient des soupers le vendredi soir, le Sabbat, un bal de Purim, une série de Galas musicaux qui ont duré plusieurs années, ainsi que plusieurs autres événements. De plus, des événements pour les jeunes ont été organisés; cependant, en fonction des besoins actuels de la communauté, nous devons élaborer un programme sérieux pour les jeunes. Parmi les points saillants de l'année sont les conférences données à la mémoire d'Ilse Korpner, ancienne présidente de la

Sisterhood, qui a laissé une somme d'argent à la synagogue à être utilisée pour l'organisation d'activités culturelles. Nous avons déjà organisé des activités éducatives durant les fins de semaine touchant des sujets tels que la kabbala, l'étude biblique, les femmes dans le judaïsme et les problèmes contemporains de morale, l'Israël, l'histoire et la culture Séfarades. Parmi les personnes qui ont participé à ces conférences, on comptait des hommes érudits ainsi que des conférenciers invités en provenance des États Unis et de l'Israël. Ceux-ci incluaient le Rabbin Marc Angel de la Synagogue Spanish & Portuguese de la ville de New York, le professeur Alice Shalvi et Leah Shakdiel d'Israël, les professeurs Lawrence Shiffman et David Blumenthal des Etats-Unis et Norma Joseph de Montréal, ainsi que le rabbin Reuven Bulka d'Ottawa. Nous avons beaucoup appris de ces hommes et femmes et espérons continuer à agrandir ce programme dans l'avenir.

De temps à autre j'enseigne des cours sur divers sujets. Cantor Abittan dirige des cours de lecture en hébreux pour les adultes débutants. Ces cours sont très populaires et aident beaucoup d'adultes à apprendre l'hébreu afin de participer aux prières. Hazan Abittan anime aussi des cours le samedi après-midi sur la halaka durant les mois qui séparent Pâques et Rosh Hashanah. Toutes les activités mentionnées ci-dessus sont possibles grâce au dévouement et au travail de plusieurs de nos membres: Linda Kivenko, Donna-Lee Kauffman, Pamela Iny, Linda Fishman, Terry Taffert, Joyce Peress, Taff Chitayat, Martha Lawee et Mimi Assouline ont toutes siégé sur divers comités qui ont réalisé plusieurs de ces événements. Elles ont été aidées par plusieurs autres membres et appuyées par le personnel de notre bureau qui est habilement géré par Joseph Handman et Gene Rabie. Les événements pour la collection des fonds incluaient une loterie qui a connu beaucoup de succès ainsi qu'un bazar annuel. Beaucoup de travail a été investi à l'organisation et la préparation de ces événements qui ont été présidés par Joseph Iny, Moise Bassal, Elie Levy, Fred Rabie et Linda Kivenko.

PRÉOCCUPATIONS DANS LA VIE QUOTIDIENNE LE MONDE MODERNE

Une de nos plus grandes préoccupations est le maintien des traditions Séfarades. Cependant, ceci n'efface pas les autres préoccupations auxquelles fait face le judaïsme dans toutes les communautés du monde entier. La séparation n'est pas celle du pays d'origine, mais bien la façon dont cette origine nous permet ou nous empêche de survivre dans le futur et la façon de faire pour adopter des nouvelles stratégies d'orientation du judaïsme dans le monde entier afin de survivre. Malgré qu'il soit très facile d'être juif dans une société ouverte et un monde libre, il est beaucoup plus difficile d'enseigner à nos enfants l'allégeance au judaïsme. Les membres de communautés isolées du vieux-monde ressentent une cohésion interne et une solidarité les uns envers les autres qui est renforcée par leur exclusion du monde non-judaïque et de la société qui les entoure. La conception d'une société ici, dans le nouveau-monde, est différente: personne ne sera exclus car nous sommes tous égaux. L'intolérance et la haine connues dans le vieux-monde doivent être démolies et remplacées par un ordre libre, égal et démocratique. Le monde extérieur requiert notre attention et notre participation. Il nous offre un mode de vie agréable qui est plaisant à tous les niveaux et qui permet l'égalisation des diverses traditions. Lorsqu'on dévale une pente de ski, habillé à la mode avec un masque et un bel habit, chacun ressemble à l'autre. Pourquoi être différent, pourquoi maintenir nos différences et les donner à nos enfants? Quel est le sens et le but de séparer le destin de la race juive?

Ces questions sont des questions auxquelles font face les juifs continuellement. Nous sommes libres de choisir notre propre style de vie et notre partenaire pour le cheminement. Mais comment encourager les juifs à choisir une identité juive solide et comment pouvons-nous les sensibiliser aux préoccupations spirituelles dans un monde orienté vers le matérialisme et les plaisirs? Personne jusqu'à présent n'a trouvé la meilleur stratégie afin d'y réussir. Les nouveaux arrivés doivent être sensibilisés aux problèmes qui les entourent avant qu'il ne soit trop tard. Les écarts initiaux qu'ils connaissent peuvent être fatals même avant qu'ils soient conscients de ce qui surviendra d'eux et de leurs enfants. Ceux qui arrivent savent qu'un bris doit être fait avec le passé. Que doivent-ils sauvegarder? Comment peut-on traduire et transplanter ce qui était de plus précieux dans une nouvelle réalité? Ils continuent naturellement à parler leur langue maternelle pour une génération ou deux, les mets de leurs pays dominent leurs tables durant les événements

spéciaux, mais malgré l'intérêt porté à ces coutumes, elles ne fournissent pas de raison valable d'être continuées. Finalement, la nourriture, la musique et la langue ne sont que des accidents de l'histoire. Y a-t-il quelque chose dans cette histoire qui est plus accidentel, qui a une valeur au-delà des frontières géographiques, du pays d'origine, et qui fournit une signification permanente pouvant inspirer la nécessité de préserver et de continuer les coutumes anciennes?

Aujourd'hui, tous les juifs sont dominés par un sens de ce qui a été perdu. Aucune des grandes communautés qui étaient au centre de la vie judaïque, même dans les derniers 100 ans, n'existe maintenant. Ces grandes communautés détruites, soit par l'Holocauste ou par le nationalisme arabe, ont toutes disparu et nous devons recommencer à nouveau. Le judaïsme et la façon dont s'exprimait le judaïsme dans chaque localité sont en fait disparus et ne seront plus jamais ravivés. La tradition que nous construisons ici et ailleurs contiendra des idées en provenance de notre ancien monde ainsi que des traditions nouvelles; ces nouvelles traditions seront notre propre création.

La synagogue n'est qu'un agent du passé, du présent et de l'avenir du judaïsme qui sert à préserver le passé, à enrichir le présent et sécuriser le futur. Comment peut-on accomplir cela? C'est une question qui demande la coopération de toute la communauté.

LA PLACE DE LA FEMME
Comme je l'ai cité plus haut, l'introduction de la cérémonie de Bat Mitzvah est survenue. Notre tradition a toujours reconnu que la femme a la responsabilité

d'obéir aux commandements dès l'âge de douze ans. Cependant, toutes les communautés n'avaient pas un programme formel reconnaissant et célébrant cet événement. Curieusement, le rabbin Yoseph Hayyim, grand dirigeant à Bagdad durant la fin du 19e siècle et le début du 20e siècle, a écrit en faveur de ce sujet. Malgré cela, la nature propre de cette célébration n'a jamais été établie. Plusieurs programmes existent dans la communauté orthodoxe et varient entre le kibutzim religieux en Israël et les célébrations dans les Congrégations orthodoxes modernes d'Amérique du Nord.

Les juifs Séfarades ont toujours organisé une brève cérémonie qui était inscrite dans leurs livres de prières lorsqu'on nommait la petite fille - Zebed habat - afin de chérir la fille. Une célébration de Bat mitzvah n'était pas loin d'être acceptée. Qui pouvait refuser la chance de fêter? Cependant, les éléments derrière cette question sont plus complexes: Quel devrait être le rôle de la femme dans la vie religieuse de tous les jours? L'éducation religieuse des filles doit-elle être aussi complète que celle des garçons? Quelle est la place de la femme comme dirigeante d'une Congrégation?

Pendant plusieurs années, nous avons eu des femmes qui ont siégé sur notre conseil d'administration et sur le comité de direction. Pour les cérémonies de Zebed habat, les bébés sont amenés à la tebah afin de recevoir leur bénédiction et leur donner un nom. Ces cérémonies se déroulent avec beaucoup d'enthousiasme et toute la Congrégation y participe. Plusieurs de nos membres envoient leurs

enfants à des écoles juives, garçons et filles, car ils reconnaissent la nécessité et l'importance de l'éducation pour développer une continuité et une allégeance.

Plusieurs femmes de notre communauté sont des étudiantes passionnées du judaïsme et assistent régulièrement aux conférences et groupes d'étude organisés au sein de la Congrégation et dans d'autres lieux. Cependant, une seule activité que j'ai développée a créé beaucoup de désaccord et d'opposition.

Pendant plusieurs années, j'avais réfléchi à la création d'un service en réponse à l'intérêt croissant démontré par les femmes à vouloir participer davantage à la vie religieuse. J'étais au courant de pareils développements dans le monde orthodoxe et j'avais étudié la documentation halaka avant de décider si ce programme était possible et faisable. Pour commencer, mon épouse Norma et moi-même avions visé Rosh Hodesh qui marque le début de chaque mois lunaire juif. Rosh Hodesh était dans le passé une fête célébrée par les femmes mais qui avait été négligée durant les dernières années. D'après la tradition, cette fête est réservée aux femmes pour marquer leur dévouement à construire la mishkan, le sanctuaire portatif de nos ancêtres qui avait été utilisé dans le désert et en Israël jusqu'au moment où le Temple de Jérusalem fut construit par le roi Solomon. Nous avions cru pouvoir organiser un service composé exclusivement de femmes afin de raviver cette tradition en tant que festival pour femmes seulement, tout en suivant les directives de la halaka qui accordait aux femmes la possibilité de développer leur spiritualité et leur connaissance du judaïsme.

C'est en 1981 que j'ai inauguré ce groupe qui devait être une activité éducative avant tout, selon les mêmes traditions suivies par Miriam, la soeur de Moise et d'Aaron qui avait mené les femmes à prier, chanter et danser après avoir traversé la mer rouge durant l'Exode d'Égypte. Au travers des années, plusieurs activités ont été conçues pour coïncider avec certaines fêtes, particulièrement celle de Purim où l'on met beaucoup d'emphase sur Esther et les anciens manuscrits qui sont lus par les femmes durant leur propre célébration de la fête de Purim. Il est intéressant de noter que la Spanish & Portuguese de New York tient aussi un service de Purim semblable à celui-ci qui inclut les femmes et maintenant un service de Rosh Hodesh aussi. Certains membres de la Congrégation ont trouvé cette pratique étrange car ils n'avaient pas l'habitude de pratiquer la religion de cette façon dans les pays orientaux d'où ils venaient. Les femmes n'avaient pas appris l'hébreu et on ne s'attendait pas vraiment à ce qu'elles viennent régulièrement à la synagogue. Par la suite, en 1988, un journaliste du Canadian Jewish News décida d'écrire un article au sujet du groupe. Malheureusement, le journaliste n'avait pas la connaissance nécessaire sur ces questions-là et a choisi de publier son article en première page du journal alors qu'il contenait des erreurs de faits majeures. Plusieurs de nos membres se sont sentis mal à l'aise et embarrassés par cette situation quoique je comprenne mal pourquoi, car c'est le journaliste qui aurait dû avoir honte à leur place.

Certains parmi eux ne comprenaient toujours pas pourquoi les femmes avaient besoin de prier! Ils n'étaient certainement pas au courant de la tradition de la halaka qui demandait que les femmes fassent leurs prières au moins une fois par jour. Les personnes qui se sont rangées des deux côtés n'étaient pas des personnes très croyantes mais des gens qui avaient vécu pendant plusieurs années soit en Occident ou en Amérique du Nord, ou bien qui étaient récemment arrivés ici. Ceux qui habitaient en Amérique depuis peu de temps étaient plus mal à l'aise que ceux qui y vivaient depuis longtemps.

Cependant, les services dirigés par les femmes ont continué d'avoir lieu et ont joué un grand rôle dans la vie de celles qui y ont participé. Les femmes ont utilisé ces services pour célébrer des moments spéciaux ainsi que pour pleurer la perte de personnes bien-aimées. Ces services constituent une partie importante de la vie de la communauté.

LA DÉMOCRACIE

D'après moi, ce sujet est symbolique de la volonté des gens de vouloir résoudre une des réalités des temps modernes tout en essayant de maintenir la Halaka intégrale. En dernier lieu, je désire ajouter que la démocratie est la raison première qui a mené les juifs à vouloir s'installer dans ce pays.

En fait, la raison pour laquelle on est venu s'installer sur cette terre peut être résumée en un mot: démocratie. La démocratie signifie, d'après moi, que les gens viennent au premier plan. Dans les terres où Dieu était au premier plan, les juifs étaient au deuxième plan; et malgré *que les juifs adoraient le même Dieu que les musulmans et les chrétiens, ils ne considéraient pas qu'ils faisaient leurs prières à Dieu d'une façon convenable et par conséquent ne méritaient pas autant que les citoyens qui priaient mieux qu'eux. Cependant, dans une société démocrate, la religion n'est pas censée avoir autant d'importance. La société ne désire pas savoir quelle religion un individu pratique ou s'il n'en pratique pas. Il existe ce qu'on appelle la liberté de pratiquer sa religion et la liberté de vivre loin de la religion. Le choix de chaque individu doit guider chaque personne à avoir ses propres valeurs et croyances. Nous avons le droit de choisir d'être juif ou d'être ce qui nous plaît. Dans une société démocrate, les droits de chaque individu sont primordiaux. Tous les individus sont libres et égaux. Leurs choix sont tous valides en autant qu'ils n'empiètent pas sur les droits des autres citoyens. La dignité de chaque individu réside dans le concept que chaque homme a des droits, particulièrement le libre choix. Tous les autres droits ne viennent que protéger et améliorer ce droit principal.*

Nous nous trouvons maintenant 200 ans après la Révolution française dont les principes de Liberté, Égalité et Fraternité ont fait trembler les fondations de la société européenne qui était basée sur le système de distinction des différentes classes sociales. Historiquement parlant, nous sommes encore au début de cette révolution, même si le grand empire russe caché derrière le système soviétique s'est écroulé. La Chine devra aussi faire face à cette question. Le mur de Berlin a disparu depuis longtemps maintenant et il sera

impossible de garder le couvercle fermé sur le bocal pendant longtemps.

L'esprit démocratique du libre choix correspond mal à un système bâti sur le concept de devoirs venant d'une source extérieure, même si cette source est Dieu. L'esprit démocratique n'est pas propice à la tradition car ce sont justement les traditions d'intolérance et de haine exagérées qu'il a désarçonnées. La démocratie accorde un vote à la tradition mais non un véto, une voix mais non la voix finale. Toutes les voix, mêmes celle de Dieu, doivent rivaliser avec l'attention et le consentement de l'individu. Un individu peut même avoir des remords envers Dieu. La voix douce et calme de Dieu est souvent inondée par les bruits de notre époque. Même lorsqu'on l'entend, c'est la seule voix parmi tant d'autres qui n'est pas aussi rassurante qu'elle était auparavant. Enfin, la détermination de l'individu est puissante. C'est "l'instant critique", un système basé sur la tradition, les commandements et le devoir qui voit la dignité humaine comme l'accomplissement de tous les devoirs requis, qui essaie de survivre dans un contexte dans lequel la dignité humaine est considérée comme étant le produit du libre choix et dont le but est d'avoir du plaisir. S'il existe une chose sacrée dans une société séculaire, c'est le droit de choisir pour soi-même. Si ce choix est sacré, les conséquences sont vraiment sérieuses. Le choix d'un individu est en principe aussi bon que celui de n'importe quel autre individu. Comment pouvons-nous alors traîter le jour sacré de Yom Kippur qui demande qu'on se mette debout devant Dieu pour être jugés selon nos choix et nos actions? Pour réussir ceci, nous devons nous soumettre à la volonté de Dieu comme il est écrit dans la Torah. Comment sommes-nous prêts à accomplir cela et essayer d'améliorer notre performance durant la nouvelle année d'après les attentes de la tradition?

Considérez ceci: Est-ce qu'un parent peut essayer d'imposer ou empêcher son enfant de choisir le conjoint qui lui plait? Le résultat serait certainement l'échec universel qui provoquerait l'éloignement du parent au lieu du conjoint visé. Le choix d'un conjoint assure en général les bonnes relations de famille. Le mieux qu'on puisse faire aujourd'hui dans cette situation est de guider nos enfants à choisir leurs compagnons parmi un cercle d'amis rencontrés à l'école, au camp ou chez des amis de la famille. Nous espérons qu'ils feront le bon choix; cependant, plusieurs d'entre eux font maintenant un mauvais choix dans ce domaine et causent beaucoup de douleur à tous ceux qui les entourent. Comment doter les parents et les grand-parents de conseils sages sans pour autant faire sentir à leurs enfants qu'ils se mêlent de leur droit de choisir un conjoint. Ces questions font partie des dilemmes que notre démocratie bien-aimée nous a occasionnés. Notre autorité ne découle pas de notre statut de parent ou de grand-parent mais de la sagesse et de la direction que nous offrons à nos enfants. L'autorité finale réside ailleurs: dans la volonté de celui ou celle qui reçoit notre attention.

C'est uniquement sur ce plan que les conflits spirituels existent. Les ignorer nous met en danger. Nos enfants et petits-enfants devrons vivre dans une société qui est de plus en plus égalitaire. Le conflit a déjà fait plusieurs victimes parmi nous et a causé plusieurs personnes a délaisser la pratique de la religion juive. Le judaïsme traditionnel gagnera ou continuera de perdre selon la façon dont nous nous en occuperons.

Ici, je fais référence au sentiment d'environ la moitié des juifs qui sentent qu'ils sont privés de leurs droits de représentation lorsqu'il est question de leur façon de voir le judaïsme traditionnel: nos femmes ressentent que leur participation n'est ni nécessaire ni requise dans plusieurs aspects très importants du judaïsme. Plusieurs femmes sont d'avis qu'elles ne peuvent prendre le judaïsme au sérieux car le judaïsme ne les prend pas au sérieux. Ce malaise devrait être discuté et résolu car il est en train d'éroder le tissu de responsabilité qui soutient une communauté en santé. Les réponses intelligentes et les excuses ne sont pas prises au sérieux. Je pense que cette question peut être résolue d'une façon qui est en accord avec la halaka et qui tient compte de la pensée moderne. La dignité humaine - Kabod haberiot - n'est pas un concept étranger à notre tradition, ni l'idée d'augmenter la participation religieuse, l'éducation et la participation. En fait, il n'y a pas de raison d'être malheureux lorsqu'une partie de la communauté désire augmenter son éducation, sa pratique religieuse et sa participation. Cela représente pour moi une réjouissance.

Durant notre siècle il y a eu plusieurs hommes sages qui ont démontré leur sensibilité aux préoccupations religieuses des femmes, tels que les Hafez Haim et le rabbin Israël Mayer Hakohen-auteur du Mishnah Berurah qui est le livre de commentaires le plus important de notre époque au Shulhan Aruk - qui a répondu favorablement à la demande des femmes d'entreprendre des études plus intensives de la Torah. Le réseau mondial des écoles de Beit Yaakov est apparu sous son influence et l'éducation des femmes a augmenté partout dans le monde. Lorsque Stern College, une Yeshiva pour femmes, a débuté son programme d'étude intensive du Talmud pour les femmes, c'était mon professeur, le rabbin Soloveitchik, qui a donné le premier cours. Le Rabbin Lubavitch a déclaré que les femmes devraient étudier le Talmud aussi inten-sivement que les hommes. Ces hommes sages ont reconnu la nouvelle époque dans laquelle nous vivons. Ils savent que nous ne pouvons pas survivre à la pression créée par l'assimilation sans une société juive instruite qui pourra résister à l'assimilation tout en vivant dans une société libre.

De plus, ils connaissaient la prière que faisaient les juifs tous les matins: placez la compréhension dans notre coeur afin que nous puissions écouter, appren-dre et enseigner, obéir, agir et réaliser toutes les leçons de la Torah avec amour. Une connaissance accrue de la Torah entraîne le désir de vouloir participer et pratiquer davantage. Les femmes ont la possibilité de tout faire dans la vie. Elles peuvent devenir premier-ministre ou président si elles le désirent, autant dans les pays musulmans qu'en Angleterre. Elles peuvent être juges de la Cour Suprême. Les femmes sont très bien représentées de nos

jours dans les écoles de droit et les facultés de médecine. Même en Iraq durant les années 50, il y avait quelques avocates et médecins juives. Dans tous les domaines, les femmes sont jugées d'après leur compétence et progressent selon ce critère, puisqu'il est illégal d'agir autrement. Leur sens de dignité s'est développé dans la société démocratique dans laquelle nous vivons. Cependant, elles continuent leur lutte pour un traitement égal et juste. Je pense que durant les prochaines décennies cette question sera primordiale pour les juifs d'Amérique du Nord. Cette question devrait être résolue selon la tradition de la Halaka et en tenant compte de la pensée des hommes sages. Il existe cependant plusieurs précédents afin d'augmenter le sens de dignité ressenti par les femmes par rapport au judaïsme traditionnel.

Il existe beaucoup de bons juifs qui ont peur de cette question. Je crois que cette question doit être soulevée pour l'amour de notre foi. A ceux qui ont peur, je dirais: où est votre confiance dans la Torah que Dieu nous a confiée? Croyez-vous que la Torah est divine et éternelle et contient les conseils et la direction pour nous amener partout? Pourquoi, alors, ne pas faire face à cette question fermement et courageusement. Notre communauté a besoin de direction et d'éducation et non pas d'excuses.

LA SOCIÉTÉ OUVERTE ET MIXTE

La tolérance et l'ouverture de la société moderne a entraîné une baisse des sentiments anti-juifs. Ceci a provoqué une croissance phénoménale des mariages mixtes. Est-ce que les deux phénomènes sont reliés? D'après moi, ils sont reliés car pour qu'un mariage mixte puisse se réaliser il doit y avoir un individu non-juif qui est prêt à épouser un juif. Ceci aura lieu seulement si les non-juifs ne haïssent ou ne dédaignent pas les juifs. En d'autres mots, la baisse des préjugés contre les juifs, un phénomène que nous accueillons tous, entraîne et augmente la fréquence des mariages mixtes. Ce phénomène est un autre résultat du fait que nous vivons dans une société libre et ouverte.

Examinons pour quelques moments cette perspective du mariage mixte du point de vue du partenaire juif. Cette alliance n'est pas considérée comme une fuite du judaïsme ou le résultat d'indifférence. L'individu qui décide de s'engager dans une pareille alliance ne considère pas qu'il abandonne sa religion; au contraire, s'il ou elle décide de s'identifier au judaïsme, son choix sera respecté. Souvent, le partenaire qui n'est pas juif n'a pas une forte allégeance à une religion particulière et préfère éduquer les enfants selon la religion juive. A ce moment-là, ce partenaire non-juif consent à s'identifier avec le judaïsme et dans plusieurs cas commence une procédure de conversion au judaïsme. Il est important de noter que ceci est possible seulement dans une société ouverte dans laquelle la tolérance et le respect remplacent graduellement le doute et l'hostilité.

Je ne suis pas en train d'encourager les mariages mixtes. Ce sujet doit quand-même être traité avec beaucoup d'attention et de considération car le mariage est une décision phénoménale qui devient encore plus complexe lorsqu'il s'agit d'un mariage mixte vu qu'il faut

prendre en considération les relations familiales qui sont impliquées. La décision de mariage mixte est une question personnelle qui demande beaucoup de réflexion et de maturité. La question est encore plus complexe que cela. Les non-juifs qui sont attirés au judaïsme ont des choses intéressantes à dire au sujet de leur choix. Ils se sentent attirés vers nous, par notre puissant sens d'appartenance et d'égard les uns envers les autres et parce que notre croyance est moins mystérieuse et plus concrète que celle qu'ils avaient abandonnée depuis longtemps. Ils considèrent qu'ils sont privilégiés d'avoir pu s'intégrer à notre communauté et leur engagement d'apprendre nos traditions, nos pratiques et notre religion est très solide et souvent ils se plaignent que plusieurs des juifs qui les entourent ne prennent pas ces traditions et pratiques au sérieux.

Vous ne pouvez pas conclure que ce qui vient d'être dit arrive rarement. Une étude entreprise depuis plusieurs années au sujet des mariages mixtes a conclu qu'en Amérique du Nord, il y avait environ 10,000 personnes qui se convertissaient au Judaïsme chaque année. Projetez ces chiffres sur une ou deux décennies et vous pourrez commencer à apprécier ce qui se passe. Il existe une grande portion de notre population qui est juive, non pas par naissance mais par choix.

La question de conversion est une réalité à laquelle a dû faire face notre Congrégation. Comme je l'ai cité ci-dessus, les mariages mixtes étaient fréquents chez les premiers Marocains. Les Egyptiens qui vivaient ici se sont éparpillés à cause de mariages mixtes et de conversion à d'autres religions. Depuis mon arrivée à Montréal, j'ai fait affaires avec beaucoup de familles qui étaient préoccupées par la liaison de leurs enfants avec des non-juifs. Ils ont exprimé beaucoup d'intérêt à ce sujet-là, ce qui m'a motivé à organiser un séminaire pour l'enseignement du judaïsme aux candidats qui sont intéressés à se convertir et qui impliquait des partenaires qui souvent ignoraient les principes de base du judaïsme.

Les conversions se déroulaient sous la surveillance du Beth Din qui est composé de trois rabbins orthodoxes en provenance de la branche locale du Conseil Rabbinique du Canada qui est affilié avec le Conseil Rabbinique d'Amérique du Nord. Ce Conseil est connu comme étant la plus grande organisation de rabbins orthodoxes dans le monde. Lorsque je suis devenu président de la branche locale, j'ai fait des efforts afin de créer un Beth Din officiel qui serait reconnu partout à travers le monde. Ces efforts se sont réalisés et le Beth Din a été mis sur pied et s'occupe maintenant de toutes les conversions dans la communauté orthodoxe.

Cependant, la situation a provoqué beaucoup de malaises parmi plusieurs membres de la synagogue. Dans les pays musulmans, la conversion au judaïsme arrivait rarement car c'était illégal et dangereux de convertir un musulman; et quelquefois les convertis provenaient de la communauté chrétienne et étaient acceptés par le rabbinat local. Les mariages mixtes se faisaient rarement car la population Arabe ressentait beaucoup

de haine et d'hostilité envers les juifs. Une fois de plus, la position des membres dépendait non pas du degré de religiosité parmi les membres mais de la période de temps de leur résidence en Amérique du Nord ainsi que de leur expérience dans une société ouverte. Finalement, le processus de conversion était accepté et appuyé par le Conseil Rabbinique Beth Din malgré les inquiétudes de quelques membres au sujet de la perte de contrôle subie en acceptant cette politique. Il n'est pas clair comment ce système bénéficiera à la Congrégation et la communauté mais il existe parmi nous plusieurs convertis qui sont des membres dévoués, qui participent aux activités religieuses, sociales et éducatives de la Congrégation.

Les discussions au sujet de ces questions difficiles ont été menées selon des principes démocratiques à divers niveaux de la Congrégation - le Comité executif, le Conseil d'administration et les membres. Je crois que les décisions prises étaient non seulement correctes mais indiquaient que le processus d'intégration à la vie canadienne suivait un cours normal. Une copie de la résolution du Conseil d'administration est annexée.

LE FUTUR

L'avenir de la Congrégation semble être très prometteur. Nous avons grandi et sommes devenus une grande Congrégation parmi les Congrégations. Cependant, nous avons gardé un sens de loyauté et de solidarité à l'organisation de la Spanish & Portuguese tout en maintenant le respect envers la pluralité des traditions qui existent parmi nous. Nous remarquons avec l'avancement des générations vers *l'avenir que nos origines continuent à jouer un rôle important qui est aussi significatif que la relation des membres avec la Congrégation car ils deviennent des juifs canadiens qui ont des ancêtres particuliers. La réalité du présent est la force dominante; la nostalgie est difficile à maintenir pendant longtemps.*

Il y aura cependant des questions que la Congrégation devra confronter. Des questions comme: est-ce que nos locaux suffiront aux besoins de la Congrégation car la structure qui existe maintenant n'a pas été modifiée depuis la construction de la salle Lawee en 1967. Plusieurs de nos membres ont dû aller ailleurs pour organiser des événements qui sont trop élaborés pour les locaux que nous possédons. Une organisation future devra comprendre un programme pour adolescents et adultes. Que pouvons-nous faire afin de maintenir et renforcer l'identité religieuse et notre promesse vers l'avenir? Peut-on éviter la vague d'assimilation qui englobe les juifs d'Amérique du Nord?

Les doutes au sujet de l'avenir de l'association du Québec avec le Canada se résoudront, nous l'espérons, de façon à assurer l'avenir et la survie de la communauté juive à Montréal. Les problèmes économiques que connaît l'Amérique du Nord devront être résolus en tenant compte de la disparition de la guerre froide et de la guerre économique ainsi qu'en fonction des nouvelles réalités de l'Est et l'Ouest de l'Europe. Si ces questions ne sont pas résolues ou abordées, il est douteux que

nous puission maintenir le même nombre de membres que dans le passé ainsi que le même niveau d'activités que celui qui a été développé durant les 25 dernières années.

J'ai aimé les réflexions qui ont donné naissance à ce mémoire. J'espère que le sens de satisfaction personnelle que j'ai ressenti en participant à ce projet est évident. J'attends avec impatience et je souhaite que dans les années futures la synagogue développera une base de gens intelligents et dévoués qui se tourneront vers l'avenir pour trouver leurs responsabilités comme guides de la politique de la Congrégation. Tout est déjà en place et inshallah, avec l'aide de Dieu, et besimallah au nom de Dieu, nous continueront l'unique histoire de cette Congrégation dans le futur.

APPENDIX A
POLICY STATEMENT *

Joint Policy Statement of Rabbi Joseph and Resolution of the Board of Trustees.

In concert with Rabbi Howard Joseph, it is respectfully proposed by David Kauffman, Chairman, seconded by Selim Moghrabi, that the Board of Trustees adopt the following resolution:

"BE IT RESOLVED THAT:

With respect to the current policy of the Synagogue regarding conversions with which Rabbi Joseph is involved and with respect to the establishment of a Gerut Commission by the Rabbinical Council of Canada, Eastern Region ("Commission"), presently in the process of determining guidelines for conversions to which "orthodox" rabbis within its territory will be expected to adhere, the following clarifications and understandings were reached:

1. This policy is and will remain in effect until modified by the Board of Trustees in consultation with the Rabbi;

2. The Board of Trustees does not seek to engage in matters of halakha but wishes to ensure that conversions sponsored by or involving Rabbi Joseph personally, who is and is identified as the spiritual leader of the Spanish & Portuguese Congregation, follow certain procedures recognized by the Commission, some of which are listed below;

3. TheRabbi immediately will submit to the Commission a list of (a) individuals who began their conversion process before the establishment of the Commission but who have yet to be accepted by a Beth Din of the Commission for conversion and (b) individuals who began such conversion process after establishment of the Commission. Individuals who begin their conversion studies with the Rabbi in the future will be listed with the Commission in a timely fashion;

4. All listed individuals will be referred to the Commission for conversion in accordance with the procedures set down by the Commission; and the Rabbi will abide by the decision of the Commission in regard to each individual candidate, so that the position at all times may be taken that a successful convert taught or sponsored by the Rabbi or involved in a Beth Din of which the Rabbi is one of the triumvirate of rabbis "was approved by the Gerut Commission of the Rabbinical Council of Canada";

5. Once guidelines are set by the Commission, whether transitional or permanent, the spiritual leader of the Congregation will abide by them;

6. For pragmatic policy reasons,
   a) as conversion matters are a personal activity of the Rabbi and not an activity of the Synagogue, the name and stationery of the Congregation is not to appear in correspondence or to be used on certificates concerning individual conversions;

   b) the Bulletin of the Synagogue will not mention in its announcements any individual candidate, whether studying

* See page 60

103

with the Rabbi or someone else,
unless and until the Commission
approves his conversion; and

c) with regard to weddings, the
Congregation will not enter into a hall
rental contract nor may a minister of
the Congregation contract to officiate
unless and until one of the parties who
intends to convert has had his or her
conversion approved by the
Commission. "

ADOPTED BY THE BOARD OF TRUSTEES,
OCTOBER 1988.

APPENDIX A *

Extrait d'une lettre écrite le 20 juin, 1990
à tous les membres.

Chers Membres,
Politique concernant les
conversions
En octobre 1989, le conseil
d'administration de la synagogue,
avec l'accord du Rabbi Howard
Joseph et le comité religieux, a
formulé une politique concernant
les conversions au judaïsme.
Lorsque la politique fut adoptée, le
conseil d'administration a
demandé que cette politique soit
publiée dans notre communiqué
mensuel. Malheureusement, tel que
mentionné plus loin dans la lettre,

la publication de notre commu-
niqué a été retardée afin de
donner à certaines personnes qui
ne sont pas membres de notre
synagogue l'opportunité de régler
leurs inquiétudes à ce sujet. Par
conséquent, plusieurs de nos
membres n'étaient pas au courant
de cette politique. En fait, cette
politique a été mal interprétée et a
créé une confusion parmi plusieurs
personnes de la communauté. Nous
avons donc décidé d'informer nos
membres au sujet de cette politique
en incluant cette lettre dans le com-
muniqué du mois de septembre
1990.

La conversion au judaïsme
selon la halaka est un aspect
critique du judaïsme orthodoxe qui
a causé beaucoup de préoccupa-
tions durant ces temps troubles. Il
n'existe pas de procédure
standard ni d'autorité suprême qui
contrôlent ce processus mais, afin
d'assurer que les rabbins orthodoxes
suivent les mêmes règlements de
conversion, nous nous voyons
obligés de formuler une politique
de conversion. L'absence de
réglementation et de démarches à
suivre dans ce processus a causé
des problèmes partout dans le
monde judaïque orthodoxe qui ont
amené beaucoup de croyants à se
poser la question:"Qui est juif"?

Afin de répondre à cette
question et trouver une solution au
problème, un grand effort se fait
présentement parmi les

104   *Voir page 87

rabbins orthodoxes de la ville de Montréal qui sont membres du Conseil Rabbinique du Canada, région de l'Est, en collaboration avec le rabbinat chef d'Israël et le Conseil Rabbinique d'Amérique (qui est la plus grande organisation de rabbins orthodoxes au monde). En fait, le Conseil Rabbinique du Canada, région de l'Est, a établi un comité de conversion ("Commission Gerut") du Tribunal Rabbinique ("Beth Din") pour contrôler, régulariser et surveiller toutes les conversions orthodoxes exécutées dans la ville de Montréal, afin que toutes les conversions suivent un processus établi et reconnu.

Durant l'année précédente, des difficultés internes au niveau de la Commission Gerut ont occasionné un délai dans la mise en vigueur de ce programme. La politique de conversion que le comité exécutif de notre synagogue a adoptée en octobre 1989 est directement liée aux difficultés subies par la Commission Gerut et la publication de notre politique dans notre communiqué mensuel a été retardée.

Nous espérons que ce système sera fonctionnel sous peu. Les nouvelles directives de ce processus sont les suivantes:

1. *Un individu qui veut se convertir doit être parrainé par un rabbin qui devra inscrire le candidat à la Commission Gerut. Le candidat devra se présenter devant la Commission de temps à autre durant la période d'étude afin d'être évalué.*

2. *La Commission doit expliquer ses attentes au candidat en ce qui concerne les connaissances et la pratique du judaïsme.*

3. *La Commission doit décider lorsqu'un candidat est prêt à la conversion. La conversion prendra place devant le Beth Din qui comprend trois rabbins. Le rabbin parrainé ne pourra siéger comme membre du triumviral des trois rabbins qui composent le Beth Din.*

4. *Les candidats qui réussissent recevront un certificat de conversion émis par le Conseil du Rabbinat du Canada. Le chef du Rabbinat d'Israël s'assurera que ces certificats seront reconnus partout dans le monde.*

Ce qui suit est notre politique de conversion.

*Respectueusement
Le conseil d'administration
par David H. Kauffman, président*

POLITIQUE

De concert avec le rabbin Joseph, le président David H. Kauffman propose, secondé par Selim Moghrabi, que le conseil d'administration de la synagogue

Spanish & Portuguese de Montréal adopte la résolution suivante:

"En ce qui concerne la politique actuelle de la synagogue en matière de conversions dans lesquelles le rabbin est impliqué et vu l'établissement d'une commission sur le Gerut par le Conseil Rabbinique du Canada, Région de l'Est qui en ce moment est en train d'élaborer une démarche à suivre pour les conversions que les rabbins orthodoxes sur le territoire devront suivre, les règlements et directives ci-dessus ont été conclus:

1. *cette politqruerestera en vigueur jusqu'à ce qu'elle soit modifiée par le conseil d'administration en consultation avec le rabbin;*

2. *le conseil d'administration ne désire pas s'impliquer dans des questions de Halaka, mais veut s'assurer que les conversions soient parrainées par un rabbin qui a été identifié comme étant le chef spirituel de la Congrégation Spanish & Portuguese. Quelques procédures sont citées ci-dessous;*

3. *le rabbin fournira à la commission une liste incluant les noms:*

a) *d'individus qui ont commencé le processus de conversion avant l'établissement de la commission mais qui n'ont pas encore été acceptés par le Beth Din de la commission des conversions, et*

b) *d'individus qui ont commencé le processus de conversion après la création de la commission. Les personnes qui ont commencé leurs études de conversion avec le rabbin devront être identifiées à la commission dans un délai acceptable;*

4. *tous les membres inscrits sur la liste, seront référés à la commission de conversion et suivront les procédures énumérées par la commission. Le rabbin respectera la décision prise par la commission à l'égard de chaque candidat, afin que le converti parrainé ou qui a étudié avec le rabbin fasse partie d'un Beth Din qui a l'approbation de la commission Gerut du Conseil Rabbinique du Canada;*

5. *une fois que la décision est établie par la commission, qu'elle soit temporaire ou permanente, le chef spirituel de la Congrégation devra la respecter; et*

6. *pour raisons de politique pragmatique:*

a) *les conversions constituent des activités personnelles du rabbin et n'impliquent pas la synagogue, le nom et l'en-tête de la Congrégation. Le nom de la synagogue et de la Congrégation ne devront pas être employés sur des certificats émis à des individus qui se sont convertis;*

APPENDIX B
PRESIDENTS OF THE SISTERHOOD

1918 - 1919 ......Mrs. C.I. de Sola

1920 - 1921 ......Mrs. J Kirschberg

1921 - 1922 ......Mrs. C.I. de Sola

1923 - 1925 ......Mrs. Martin Wolff

1926 - 1929 ......Mrs. Wm. Sebag-Montefiore

1930 - 1931 ......Mrs. I. Kirschberg

1932 - 1933 ......Mrs. Michael Michaels

1933 - 1933 ......Mrs. Wm. Sebag-Montefiore

1933 - 1934 ......Mrs. Michael Michaels

1934 - 1936 ......Mrs. Martin Wolff

1936 - 1938 ......Mrs. Saul Hayes

1938 - 1940 ......Mrs Joe Rose

1940 - 1944 ......Mrs. Michael Michaels

1945 -1946........Mrs. Joe Simand

1947 - 1948 ......Mrs. Martin Goldsmith

1949 - 1950 ......Mrs. A.B. Regenstreif

1950 - 1951 ......Mrs. Martin Goldsmith

1951 - 1952 ......Mrs B.L. Cohen

1953 -1957........Mrs. Moe Ginsberg

1958 - 1959 ......Mrs. D. Markowitz

1959 - 1961 ......Mrs. Jennie Erdrich

1961 - 1962 ......Mrs. M. Pinsler

1962 - 1964 ......Mrs. M. Schactman

1964 - 1966 ......Mrs. W. Gartner

1967 - 1969 ......Mrs. Moe Dingott

1969 - 1971 ......Mrs. E.H. Blaustein

1971 - 1973 ......Mrs. J. Korpner

1973 - 1974 ......Mrs. E. Meir

1975 - 1977 ......Mrs. J.D. Esar

1977 - 1980 ......Mrs. N. Schwarz

1980 - 1982 ......Mrs. M. Tennenbaum

1982 - 1983 ......Mrs. Mimi Brownstein

1983 - 1986 ......Mrs. J.D. Esar

1986 -1987........Mrs. J.D. Esar &

........................Mrs. N. Schwarz

1987 -1988........Mrs. N. Schwarz

1988 - 1990 ......Mrs. Joseph Iny

1990 - 1992 ......Mrs. D. Khazzam

1992 -1994........Mrs. M. Peress

1994 - 1995 ......Mrs. L. Ischayek &

........................Mrs. K. Nathaniel

Sisterhood Executive, 75th Anniversary, 1993

APPENDIX C
BIBLIOGRAPHY

1. "The Jew in Canada", Arthur Hart, 1926.

2. "The Jews of Canada", Martin Wolff, The American Jewish Year Book, Vol.27, 1925-26.

3. "History of the Corporation of Spanish and Portuguese Jews, Shearith Israel, of Montreal, Canada", published on the celebration of its 150 Anniversary in the year 5679 - 1918.

4. "Spanish and Portuguese Synagogue (Shearith Israel)", Montreal, 1768 - 1968, Esther I. Blaustein, Rachel A. Esar and Evelyn Miller, Jewish Historical Society of England, Transactions Session 1969 - 70, Vol.XXIII.

5. "Canada's Jews - A Social and Economic Study of the Jews in Canada", Louis Rosenberg, 1939.

6. "Two Centuries in the Life of a Synagogue", Rabbi Solomon Frank, M.A., P.H.D.

SPANISH & PORTUGUESE
MEMBERSHIP LIST 1996

Charles & Recheline Abadi
Albert & Monique Abdoo
Jamil & Rachel Abdoo
Salim & Gloria Abdoo
Salem & Gilda Abdou
Alfred & Mazal Abdulezer
Doreen Abdulezer
Morris & Gilda Abdulezer
Hannah Abed
Haim & Tamar Abitbol
Raymonde Abitbol
Yehuda & Marcelle Abittan
Yousef & Flora Aboody
Steve & Lila Acre
Victor & Yvone Ades
David & Rachel Aintabi
Elliott & Claudia Aintabi
Jacques & Zahia Aintabi
Sam & Ann Aintabi
Meir & Monah Akairib
Salim Akairib
Dina Altarasse
Gloria Altman
Simon Amar
Albert & Irene Amara
Eli & Doris Ambar
Shlomo & Solange Amzallag
Solly & Silia Arazi
James & Rachel Archibald
Michael & Valerie Aronovici
Marion Aronson
Blanche Aronson
Latif & Claire Ashair
Karen Assayag
Joseph & Mimi Assouline
Simon & Lyson Assouline
Victor Assouline
Bernard & Rhana Atlan

Elysée & Alina Attia
Lila Aved
Charles & Yvette Ayache
Rose Ayache
Haim & Renée Azoulay
Ezra & Odette Azouri
Bess Baboushkin
Joseph & Bernice Baboushkin
Malvina Baboushkin
Charles & Linda Balass
Victor & Valentine Balass
Alfred & Lily Balbul
Isaac Barzilay
Moise & Renna Bassal
Mida Bassous
Isaac & Yvette Battat
Jacques & Jamile Battat
Joseph & Erin Battat
Michael & Amanda Battat
Natan & Kaden Behar
Hadiyah Bekhor
Kamal & Marcelle Bekhor
Ovadia & Olivia Bekhor
Rebecca Bekhor
Sabah & Samie Bekhor
Violet Bekhor
Moise & Denise Ben-Ami
Elie & Rita Benattar
Flory Benbaruk
Albert & Fortune Benchimol
Jacques & Gina Benhamron
Joseph & Yafa Benisti
Maurice & Nicole Benisti
Salim & Emilie Benisti
Jean-Claude & Stella Benitah
Margaret Benjamin
Roney Benjamin
Shulamith Benjamin

Henri & Francine Benoualid
Albert & Suzanne Bensoussan
Arie & Gilberte Bensoussan
Samuel & Irit Ben-Zur
Gerard & Lilian Bergel
Ella Bernstein
Jacques & Gamila Betito
Clara Bibas
Ben & Marilyn Bicher
Jonathan & Bonnie Bicher
Florine Bilbul
Shaul & Linda Bilbul
Albert & Janet Bitton
Andrea Blaustein
Henry & Esther Blaustein
Monte Blaustein
Rose Boidman
Victor & Becky Brahimi
Mimi Brownstein
Jacob & Henriette Buchbinder
William & Bella Bucker
Sydney Burrows
Benjamin & Ida Caplan
Mark & Judith Caplan
Joseph & Raina Carolla
Sam & Jean Cayne
Tewfick & Vicky Chemtob
Ezra & Ilana Chitayat
Maurice & Taff Chitayat
Morris & Claire Chitayat
Nessim & Rachel Chitayat
Nicole Chitayat
Sami & Raina Chitayat
Aaron Cohen
Abner & Matla Cohen
Abraham & Marcelle Cohen
Albert & Sol Cohen
Asher & Louise Cohen

Bernard & Alyce Cohen
Davoud & Evelyne Cohen
Doris Cohen
Gabriel & Mireille Cohen
Harriet Cohen
Harry & Belle Cohen
Jacques & Sol Cohen
Joseph & Juliette Cohen
Maurice & Betty Cohen
Rachel Cohen
Ruth Cohen
Saad & Ronie Cohen
Sylvia Cohen
Yolande Cohen
Esther Goldie Fainer-Cons
Leonard & Helen Constantine
Henry & Suzanne Cooper
Roy & Anne Cooper
Jack & Gracy Corin
Naim & Marcelle Corin
Harry Craimer
Jacob & Sharona Crudo
Elias Dabby
Joseph & Yolande Dabby
Charles & Michelle Dadoun
Prosper & Mercedes Dadoun
Ralph & Orly Dadoun
Julio & Eva Dahan
Joseph & Leony Daly
Joseph & Jocelyne Dana
Raphael & Marie Dana
Victor & Fortune Dana
Albert & Lily Dangoor
Abraham & Helene Daniel
Frank & Rebecca Daniel
Jacob & Kate Daniel
Joseph & Marcelle Daoud
Fouad & Evelyn Darwish
Oscar & Dorothy Dash
Claire Davidow

Claudette Del Burgo
Thomas & Marlene Denis
Moe & Lilian Dingott
Molly Ditkofsky
Esther Diwan
Maurice & Marian Douek
Ernest & Emma Duby
Morrie & Chantal Dynbort
Elias & Sarah Edery
David Ekaireb
Armand & Rita Elbaz
Edmond & Suzanne Elbaz
Asher & Eta Elcabetz
Boris & Anne Elias
Claire Elias
Michael & Reine Elkrief
Aranka Elleman
Emile & Lily El-Sayegh
Edward & Sadie Erdell
Nancy Erdrich
Gregory & Milene Etingin
Mireille Ettedgui
Harvey & Terry Evans
Edward & Helene Ezer
Salim Faraj
Emile & Rita Fattal
Josephine Fattal
Maurice Fattal
Salim & Linda Fattal
Wilson & Mireille Fattal
Joseph & Betty Feller
Arthur & Stefani Fernandez
Rachel Fetaya
Haim & Tamar Fhima
Henriette Fhima
Simon & Rachel Fhima
Alec Fineberg
Yetta Finegold
Joshua & Gerta Fink
Patricia Fisher

Charles & Linda Fishman
Reba Fishman
Jeannette Fiss
Charles Fogel
Murray & Mary Fogel
Modesto & Nelly Fontanez
Gordon & Fany Fox
Pascal & Regine Frankel
Jin & Karen Frati
Rachel Fredj
Daniel & Rose Freedman
Freda Freedman
Kate Freeman
Mildred Freeman
Sam & Pauline Fried
Gerald Friedlansky
Dave & Anne Friedman
Norman & Madeleine Ftaya
David & Vivian Gabbay
Kamal & Sue Gabbay
Michael & Rachel Gabbay
Muzli Gabbay
Naji & Margarite Gabbay
Raymond & Shoula Gabbay
Rina Gabbay
Rony & Anita Gabbay
Saleh & Laura Gabbay
Samir & Loretta Gabbay
Jack & Mireille Gaiptman
Harry Gaon
Max & Tova Garfinkle
Alan & Beverly Gartner
Sydney & Barbara Gartner
William & Liza Gartner
Abe Geffin
Victor & Juliette Gheriani
Max Gold
Brian Goldberg
Herbert & Erma Goldenstein
Azar & Ray Goldin

Saul & Miriam Goldstein
Isaac & Evelyn Gourdji
Joseph & Joyce Gourgy
Hilda Greenspoon
Nessye Greisman
Daniel & Kelly Guindi
Edmond & Camille Guindi
Victor & Rita Guindi
Carole Haboucha
David & Lyson Haccoun
Elie & Monique Haccoun
Robert Haccoun
Elie & Amy Hadid
Marc & Jamie Hadid
Selim & Andrée Haim
Shafik & Suzette Hakim
Selim & Lucie Halabi
Marc & Myriam Haligua
Joseph Handman
Alain & Tina Harari
Charles & Mary Harari
Leon Harari
Roland & Yolande Harari
Julien & Rachel Harroche
David & Messody Hasson
Nathan & Aida Hasson
Eli & Samira Hay
Marcelle Haya
Beatrice Hayes
Sarah Hayes
Florence Hecht
Camille Helwani
Claude & Penina Helwani
Hilde Herrmann
Doris Hersh
Abraham & Saida Hillel
Nathan & Molly Hochmitz
Arthur Hoffer
Pinhas & Victoria Ibghy
Rose Inhaber

Edward & Amy Iny
Georges & Evelyn Iny
Hilda Iny
Jack & Juliana Iny
Joseph & Pamela Iny
Naima Iny
Naji & Claire Iny
Rosa Iny
Moshi & Joyce Isaac
Jimmy & Linda Ischayek
Albertine Isehayek
Salim & Juliette Ishayek
Miriam Issenman
Cecile Jeffay
Howard & Norma Joseph
Lawrence Joseph
Michale Joseph
Annie Joseph
William & Anne Joseph
Zelig & Bernice Joseph
Karim & Annette Joury
Samuel & Vivienne Kairy
Albert & Lola Kakon
Marc & Gloria Kakon
Phyllis Kanigsberg
Ben Karasik
Magda Karijo
Muzli Karkoukly
Solly & Dorothy Karkoukly
Bess Kastner
Donald & Gladys Kattan
Harone & Suzanne Kattan
Jacob & Bella Kattan
Naim Kattan
Ronald & Jane Kattan
Violet Kattan
Pauline Katz
David & Donna-Lee Kauffman
Min Kauffman
Isaac & Joyce Kazaz

Emil & Ruth Khadoury
Afram & Leila Khamara
Violet Khamara
David & Ruth Khazzam
Ezra & Hilda Khazzam
Gracie Khazzam
Jack & Madeleine Khazzam
James & Claire Khazzam
Philip & Abigail Khazzam
Raymonde Khazzam
Selman & Matilda Khazzam
Leo & Leone Kirschberg
Gary Kivenko
Jack & Linda Kivenko
Joshua & Lillian Klein
Lawrence & Michele Knight
Allan & Ana Kowalski
Clairette Krieger
Esther Lallouz
Ralph & Rachel Lallouz
Samuel Lallouz
Sydney & Danielle Lallouz
Laurie Lapointe
Pierre & Sol Lasry
Alan & Marilyn Lawee
Alfred & Martha Lawee
Beth Lawee
Daniel Lawee
Eric & Grace Lawee
Hayim & Yvonne Lawee
Laura Lawee
Mayer & Roberta Lawee
Naima Lawee
Philip & Dahlia Lawee
Izake & Nicoletta Lawi
Roger & Tammy Lawi
Heskel & Flora Lawy
Mier & Barbara Lawy
Nathan & Ray Lazanik
Gaston & Sara Lazzam

Maurice & Mireille Levi
Charlotte Levine
Michael & Roberta Levine
Gordon & Maria Levitt
Allegra Levy
Anwar & Dorette Levy
Elie & Lilianne Levy
Henri & Marcella Levy
Joseph & Susan Levy
Maurice & Josianne Levy
Naim & Olga Levy
Rachel Argoetti Levy
Rachel Levy
Raphael & Varda Levy
Sami & Amira Levy
Simon & Sarah Levy
Victor & Nicole Levy
Freda Lewis
Henriette Lipson
André & Glenda Lisbona
Charles & Isabelle Lugassy
Rachel Luterman
Louis Magil
Albert & Georgette Malka
David Malka
Elias & Maryse Malka
Margaret Mankin
Albert & Claude Mann
David Mann
Haimy Mann
Jack & Claire Margolius
Richard & Yvette Marsh
Guiseppe & Margalith
Mascisch
Albert & Sandra Mashaal
David & Francine Mashaal
Edward & Gertrude Mashaal
Emile & Marie Mashaal
Fuad & Danielle Mashaal
Michael & Marla Mashaal

Morris & Evette Mashaal
Naima Mashaal
Richard & Violette Mashaal
Robert Mashaal
Ronald & Sandra Mashaal
Salim & Doris Mashaal
Victor & Edna Mashaal
Doreen Mashal
Fouad Haron Mashal
Maurice & Sylvia Mashal
Morris & Wilma Mashal
Victoria Mashal
Naim & Louise Masri
Israel & Gladys Matarasso
Haim & Naima Mathalon
Joseph & Mireille Mayerovitch
Albert & Daisy McGourdji
Michael & Molly McHugh
Eddie & Rissa Mechaly
Marc & Liora Mechaly
Yusuf & Georgette Meer
Emil Meir
Esther Menda
Marcel & Dora Menda
Naim & Colette Menda
Sylvia Messer
Abraham Miller
Ray Miller
Daniel & Debra Mitchell
David & Barbara Mizrahi
Nina Modiano
Selim & Vicky Moghrabi
Daphne Sebag Montefiore
J. Joseph & Gladys Mooallem
Renée Mooallem
Albertine Mooallim
Napoleon & Sara Morabia
Sophie Morgen
Lies Morgenstern
Ezekial & Eliza Moses

Rose Moses
Sylvia Moses
Juliette Moshe
Florence Moss
Gilles & Debbie Mosseri
Eliahou & Sholamit Moulavi
Sasson & Renata Moulavi
Naim & Juliet Murad
Max & Paulette Myara
Jamil & Ruth Nabi
Irwin & Margaret Nadler
Ann Naimark
Charles & Katia Nathaniel
Elias & Denise Nathaniel
Joshua & Clara Nathaniel
Robert & Angela Nathaniel
Victoria Nathaniel
Sybil Lynn Nemeroff
Albert & Adele Nessim
Daniel & Dorit Neubarth
Joseph & Perla Nezri
Louis & Anne Nickerson
Jack & Gladys Noonoo
Max & Zelda Nyveen
Abdullah & Rachel Obadia
Fred & Alice Oberlander
Sam & Helen Ohayon
Meyer & Concette Oiknine
Eli & Anny Oubadia
Sasson & Marcelle Ovadia
Morris & Diane Palaciolgun
Herbert & Leila Paperman
Maurice & Simha Peress
Mounir & Joyce Peress
Philippe Peress
Gerard & Vera Perez
Isaac & Guilietta Perez
Victor & Laurette Perez
Victor & Nelly Perez
David & Beverlee Perlin

Clara Phaneuf
Michele Picard
Abraham & Phyllis Pinchuk
David & Paulette Pinchuk
David & Shirley Pinsler
Hanina Rabie
Fred & Barbara Rabie
Jacob & Naima Rabie
Rouben & Noor Rabie
William & Bess Rabinovitch
Saul & Rosalind Radowitz
Joseph & Lucy Rashi
Miriam Regenstrief
Saul & Orit Rehany
Alfred & Hilda Rejwan
Eliahou Reuben
Heskel & Violet Reuben
Bernard Richler
Elie & Stella Romano
Joyce Rose
Cecille Rose
Mark & Bluma Rosenstein
Allan & Gilda Rotman
Matus & Sara Rozanski
Lawrence & Donna Rudner
Moussa & Nina Saad
Daniel & Helen Sabbah
Sidney & Rita Sabbah
Isaac & Badria Sadaka
Alfred & Vivienne Saleh
Edward & Rose Saleh
Elie & Greta Saleh
Emile Saleh
George & Yvonne Saleh
Maurice & Angele Saleh
Naima Saleh
Regina Saleh
Richard Saleh
Rosa Saleh
Roland Salem

Solomon & Stella Salem
Nick & Joan Saltiel
David & Angela Samra
Ihsan & Denise Samra
Eli & Valentine Samuel
Joseph & Viviane Sananes
Sidney & Baela Sanders
Selim & Andrée Sasson
Cesar & Renee Saul
Miriam Schachter
Lottie Schactman
Roger & Lisette Schinazi
David & Leonie Schemtob
Alfred & Mildred Scherzer
Nathan & Rella Schwarz
William Schwarz
Maurice Sebbag
Meyer & Tamar Sebbag
Jerrick & Helen Segal
Heskel Sehayek
Dan & Ann Sequerra
Nessim & Laurette Serour
Jack & Maryse Setton
Albert & Sylvia Shahin
Anwar & Evelyn Shahin
David & Rhonda Shahin
Edmond & Yael Shahin
Sammy & Stella Shahin
Shoua & Daisy Shahin
Violet Shahin
Mavis Shahmoon
Sassoon & Barbara Shahmoon
Emil & Michele Shahrabani
Fouad & Angelle Shahrabani
Elie & Yvonne Shamash
Ezra & Rachel Shamash
Maurice & Liliane Shamash
Meir Naim & Raymonde
Shamash
Nissim & Jacqueline Shasha

Albertine Shashoua
Marcelle Shashoua
Ronald & Charlotte Shashoua
Sass & Yvonne Shashoua
Victor & Bertha Shawn
Ovadia & Katy Shebath
Fred & Helen Sheeri
Renée Sheeri
Sulman & Violet Sheeri
Joseph & Rachel Shemesh
Albertine Shemie
Harone & Valentine Shemie
Ken & Joelle Shemie
Kevin & Carol Shemie
Lilianne Shemie
Milo & Bonnie Jean Shemie
Rouben & Vicky Shemie
Violet Shemie
Phyllis Sherman
Michael & Diane Shinder
Emil & Moni Shiri
Moshe & Widad Shiri
Naim & Linda Shohet
Najia Shohet
Violet Shohet
Abi & Esperance Shouker
Manley Sichel
Joseph & Rachel Sides
Isaac & Dolly Sigal
Sserafine Sigal
Dorothy Silver
Leonard & Judith Silver
Gerald & Sheila Silverberg
Lilian Silverberg
Bertha Silverstone
Mel & Leila Simand
Helen Singer
Lily Slatkoff
Albert & Francoise Sleeman
Sulman & Rachel Sleeman

Alan & Jaffa Smouha
Abraham Sofaer
David Sofaer
Jack Sofaer
Barry & Sylvia Solomon
Allan Sorffer
Chafica Sourani
David & Yvette Soussana
Leonard Stacke
Ethel Stark
Steven & Arlene Stein
Sylvia Stein
Samuel & Mollie Stern
Sylvia Stotland
Edith Strauss
Richard Strauss
Eliot & Louisa Supino
Mortimer & Terrye Taffert
Albert & Valerie Tauby
David & Gabrielle Tawfik
Nessim & Ida Tawfik
Victor & Louise Teboul
Marcel Tenenbaum
Rita Tenenbaum
Jim & Jadis Torczyner
Manny & Denise Touaty
Ron & Annie Touaty
Yehiskel & Shoshana Tricot
Philip Troy
Abboody & Amira Tuwaig
Joseph & Mirta Tuwaig
Lillian Verner
Dorothy Verner
Max & Natalie Wakrat
Max & Joyce Wazana
Hyman Weiss
Sylvia Windholz
Peter & Hilda Wise
Marc-Alain & Rachel Wolf
Annette Wolff

Evelyn Yadid
Alan & Zipporah Yedid
Naima Yehuda
Shaoul & Desirée Yehuda
Albert & Gloria Youhanan
Sam & Lily Yousfan
Henry & Shirley Yudcovitch
Issie Yuval
Mike & Monika Yuval
Mark & Gladys Zarecki
Joseph & Daniella Zilkha
Loulou Zilkha